Renate Florl

Mit Kindern radeln

Der Enztalradweg

Fleischhauer & Spohn Verlag

Titelbild: An der Enzquelle in Enzklösterle-Gompelscheuer
Bildnachweis: Alle Aufnahmen stammen von der Verfasserin.

Umschlaggestaltung und Layout: Rainer Wittner, 67435 Neustadt

Kartenskizzen: Walter Gebhard, 74821 Mosbach, e-mail: gestaltungsatelier.gebhard@t-online.de

© 2002 by Fleischhauer & Spohn Verlag, 74321 Bietigheim-Bissingen

Gesamtherstellung: Laub GmbH & Co., 74834 Elztal-Dallau

ISBN: 3-87230-580-8

Inhaltsverzeichnis

P. S.:
Neue Wege werden gebaut, andere unpassierbar, Eintrittszeiten und -preise ändern sich ... Wenn Sie Veränderungen oder Fehler finden, ärgern Sie sich nicht, sondern teilen Sie sie dem Verlag mit, damit sie in einer späteren Auflage berücksichtigt werden können. Vielen Dank.

Sie erreichen den Verlag wie folgt:

Fleischhauer & Spohn Verlag GmbH & Co. KG
Mundelsheimer Straße 3
74321 Bietigheim-Bissingen

Telefon: 0 71 42/5 96-1 61
Telefax: 0 71 42/5 96-2 80
e-Mail: verlag-fleischhauer@t-online.de

Herzlich willkommen auf dem Enztalradweg!

Der im Juli 2001 offiziell eröffnete Enztalradweg bietet viele Erlebnisse für Groß und Klein. Der Enztalradweg ist die ideale Radtour für Familien, da man zum allergrößten Teil auf einem landschaftlich großartigen und separatem Radweg unterwegs ist.

Von der Quelle der Großen Enz in Enzklösterle-Gompelscheuer im Schwarzwald bis zur Mündung in den Neckar bei Walheim folgen wir dem Fluss auf insgesamt rund 115 Kilometern. „Auf den Spuren der Enztal-Flößer" ist der Untertitel des Radweges und das Logo des gut markierten und beschilderten Radweges ist passenderweise ein ehemaliger Enztal-Flößer auf seinem „Gefährt".

Beim Radeln „er-fahren" wir im wörtlichen Sinne nicht nur verschiedene Landschaften, sondern machen auch rechts und links des Weges interessante Beobachtungen.

Denn neben der Routenbeschreibung des Enztalradweges ist das der besondere Schwerpunkt dieses Radführers für Eltern mit Kindern: Nicht die Anzahl der gefahrenen Kilometer oder die Schnelligkeit steht im Vordergrund, sondern die Erlebnisse unterwegs.

Und davon gibt's 'ne ganze Menge, hier nur eine kleine Auswahl: das Urwalderlebnis Bärlochkar und die Rußhütte in Enzklösterle, das Besucherbergwerk Frischglück in Neuenbürg, der große Wasserspielplatz in Pforzheim oder das Bonbon-Museum in Kleinglattbach. Die Aufmerksamkeit richtet sich immer auf die vielen liebenswürdigen Dinge am Wegesrand.

Oder – mal ein ganz neuer Gedanke – was für Erlebnisse hat wohl das Wasser auf seiner Reise? Hat Wasser auch ein Gedächtnis? Reagiert Wasser überhaupt auf äußere Einflüsse und wie kann man das feststellen? Mehr dazu in einem extra Kapitel.

Die Einteilung der verschiedenen Abschnitte des Enztalradweges erfolgte aus Gründen der Übersichtlichkeit. Wer mag, kann sich so selbst seine eigenen Touren bzw. Etappen zusammenstellen. In jeder Stadt oder Gemeinde finden sich Möglichkeiten zur Einkehr und meistens auch zum Übernachten, daher werden sie auch nicht gesondert aufgeführt.

Die einzige Jugendherberge im Bereich des Radweges, dafür aber auch eine besonders schöne, befindet sich in Pforzheim-Dill-

weißenstein. Die ehemalige Burg Rabeneck wurde in eine komfortable Unterkunft umgebaut (allerdings ist dafür ein spezieller Jugendherbergsausweis nötig).
Fast am ganzen Enztalradweg entlang (außer im ersten Teil von Enzklösterle nach Bad Wildbad) liegen Bahnhöfe, so dass auch noch unterwegs die Strecke bei Bedarf verlängert oder abgekürzt werden kann.

Natürlich ist nichts dagegen einzuwenden, wenn man mit raderfahrenen, dann meist auch schon etwas älteren Kindern, den Radweg in größeren Etappen macht. Die Längen der Strecken und das Begleit-Programm am und abseits des Weges lässt sich anhand dieses Führers ausgezeichnet individuell zusammenstellen.

Tipp: Den Radführer wie eine Speisekarte benutzen – das was einem schmeckt, wählt man aus.

Hinweis an die Väter: Einmal z. B. an der Quelle aufs Rad draufsitzen und erst in Pforzheim wieder absteigen, das geht nicht, wenn man mit (jüngeren) Kindern unterwegs ist.

Alle Strecken wurden von mir im Sommer 2001 abgeradelt. Allerdings, vielleicht kennen Sie das alte Sprichwort: Nichts ist so beständig wie der Wandel. Das trifft eben auch hier zu. Es werden sich wohl immer wieder Änderungen ergeben, sei es durch Baustellen, Sperrungen oder aus irgendwelchen anderen Gründen. Wenn Sie feststellen, dass sich etwas verändert hat, dann bitte ich Sie, den Verlag zu benachrichtigen.
Ich wünsche Ihnen und Ihrer Familie viel Spaß beim Radeln auf den Spuren der Flößer! Übrigens, ganz witzige, abwechslungsreiche und nette Erfahrungen kann man bei jeder Tour erleben, denn interessanterweise trifft man unterwegs immer aufgeschlossene Leute. Eigentlich ist das auch nicht weiter verwunderlich, denn eines verbindet uns alle miteinander: Das gemeinsame Hobby Radfahren!

Mit lieben Grüßen
Ihre Renate Florl

Enztal-Radweg – Auf den Spuren der Enztal-Flößer unterwegs

Wissens- und Beachtenswertes über den Weg von der Quelle bis zur Mündung

Am 1. Juli 2001 wurde der Enztalradweg mit vielen Veranstaltungen und Aktivitäten entlang der gesamten Radstrecke feierlich und offiziell eröffnet. Von der Quelle in Enzklösterle-Gompelscheuer bis zur Mündung in den Neckar bei Walheim folgt man dabei dem abwechslungsreichen Bach- und Flusslauf auf 115 Kilometern Länge.

Das Schöne an der Strecke ist – daher ist der Radweg speziell für Familien mit Kindern besonders geeignet – er verläuft meistens auf landschaftlich schönen und separaten Radwegen. Hierzu gibt es fast keine Steigungen, es geht ja schließlich flussabwärts. Oder wer hat Wasser schon mal bergauf fließen sehen?

Außerdem gibt es rechts und links des Weges noch so manche Entdeckung zu machen. Da lockt als erstes die Sommerrodelbahn in Poppeltal, obwohl nicht direkt am Radweg, sondern etwas oberhalb davon gelegen, aber immerhin zum Einzugsgebiet der Enz gehörend.

In Enzklösterle sollte man sich das märchenhafte Urwalderlebnis Bärlochkar nicht entgehen lassen, auch die Rußhütte nur wenig weiter ist den kleinen Abstecher wert. Im Flößermuseum in Calmbach erfahren wir viel über die alten Waldberufe. Im Schloss Neuenbürg lockt die neu eröffnete Darstellung des bekannten Schwarzwald-Märchens „Das kalte Herz".

Wenn die Enz dann breiter wird, kann man auf ihr auch Boot fahren, in Pforzheim und Bietigheim gibt es jeweils einen Bootsverleih. Na, schon überzeugt?

Der Enztalradweg bietet so ganz nebenbei auch den allerbesten Heimat- und Sachkundeunterricht. Wirklichkeitsnaher, praktischer und erlebnisreicher könnte er kaum noch sein. Denn vom Schwarzwald bis zum milden Klima am Neckar „er-fahren" die aufmerksamen Radler die unterschiedlichen Landschaften mit ihren Menschen und Berufen, nehmen verschiedene Baustile der Häuser wahr, spüren am eigenen Leib den Unterschied zwischen würziger kühler Schwarzwaldluft und den sonnigen trockenen Abschnitten achtzig Kilometer später. Einmal erleben wir die dunklen Wälder und engen Täler, dann Kilometer später die weiten Landschaften und die ersten Weinberge.

Pflanzen, Tiere und Gesteine – auf alles richten wir unsere Aufmerksamkeit. Selbst die Geschichte wird mancherorts gestreift,

in manchen Städten und Ortschaften verweilen wir und lau-
schen einer Geschichte – spiele-
risch und so ganz nebenbei bilden wir uns. Im Wort Bildung ist
das Wort Bild enthalten, mit
Recht: Wir nehmen neue Bilder
in uns auf.

Und diese Bilder bleiben in
unserem Gedächtnis über lange
Zeit erhalten. Es ist manchmal
wirklich erstaunlich, wie lange
sich Kinder an bestimmte Mo-
mente und Situationen erinnern
können.

Die Enz – Lebensader in der Landschaft

Die vier grundlegenden Elemente – Wasser, Feuer, Luft und Erde – machen ein Leben auf unserem Planeten erst möglich. Auf vielfältige Art und Weise wirken sie mit- und ineinander. Alles Leben hat irgendwie mit einem oder mehreren Elementen zu tun, können wir das bestätigen? Das Feuer braucht Luft, um zu existieren, Pflanzen und Bäume bilden aus Wasser, Luft und Erde alles, was sie für ihre Existenz brauchen. Das Wasser oder ein Fluss aber hat – wie so vieles – zwei Gesichter. Zum einen ist es absolut lebensnotwendig, auf der anderen Seite kann es aber auch zerstörerisch wirken, z. B. bei Überschwemmungen.

Wie stellen wir uns Wasser vor?
Gleich zu Anfang steht eine kleine Übung, bei der jeder ganz leicht mitmachen kann. Schließen wir einmal für ein paar Sekunden die Augen und stellen uns einfach „Wasser" vor, das ist schon alles! Welche Eindrücke erleben wir dabei? Also, Augen zu und ein paar mal tief ein- und ausatmen, dann hat jeder bestimmt schon sein Lieblingsbild gesehen.

Ob großer Strom oder kleiner Bach – die Quelle ist immer der Ursprung

Vielleicht stellen sich auch mehrere Möglichkeiten ein, wie man Wasser schon mal erlebt hat.

Interessant werden dann die verschiedenen Antworten sein. Sehen wir vor unseren Augen den Wasserhahn oder den Zahnputzbecher im Bad, erinnern wir uns vielleicht an einen herrlichen Sommertag im Plantschbecken im Garten, an einem See oder auch am Meer? Hören wir Wellen oder einen Wasserfall rauschen oder gar Regentropfen an die Fensterscheiben prasseln? Sehen wir einen ruhigen See bei Sonnenuntergang, einen Fluss, eine Quelle oder eine Matschbahn im Freibad? Fahren wir auf einem Schiff oder sind wir selbst irgendwie im Wasser aktiv? Tausend mehr Antworten sind möglich!

Wasser – fast unendlich vielfältig sind die Erscheinungsformen, das haben wir bei der oben angeführten Übung sicher festgestellt. Dabei haben wir noch ganz wichtige Bereiche ausgespart! Der Winter mit glitzerndem Pulverschnee, mit Eisblumen an den Fenstern, mit zugefrorenen Seen und langen Eiszapfen an den Dächern „besteht" ja auch aus dem Grundmaterial Wasser. Genau das gleiche Wasser kann auch unsichtbar werden. Wie das vor sich geht? Lassen wir doch auf einem flachen Teller ein wenig Wasser verdunsten, keiner nimmt davon etwas weg und trotzdem verschwindet es ganz allmählich!

Ist Wasser wertvoll?

Wenn man den Preis für einen Kubikmeter Wasser – und bei uns hat ja alles Wasser aus der Leitung Trinkwasserqualität – mit einem anderen Getränk vergleichen würde, keines würde so günstig abschneiden! Das hat man schnell im Kopf nachgerechnet, denn eine Kiste Sprudel kommt in etwa gerade so teuer.

Überlegen wir doch einmal: Wieviel Wasser gibt es auf der Erde? Da gibt es als Speicher die zahlreichen und großen Meere und Seen, auch am Nord- und Südpol ist in den dicken Eispanzern viel Süßwasser „tiefgefroren" im Vorrat. Aber wie sieht es mit der Menge aus? Gibt es mal mehr und mal weniger Wasser auf der Erde?

Hm, die Gesamtmenge ist eigentlich immer gleich, nur die Verteilung ist unterschiedlich! Mächtige Hochwasser und langanhaltende Dürren sind dabei Extreme, bei denen es „mit der Verteilung" nicht so ganz geklappt hat.

So gesehen ist Wasser wertvoll, da es zwar sehr viel davon gibt, aber doch ist es immer wieder das gleiche. Wenn man es ein bisschen überspitzt sagen möchte, könnte man sagen, dass wir irgendwann einmal unser eigenes Bade- oder Putzwasser selbst wieder trinken werden. Wer sich das vor Augen hält, geht sicherlich viel bewusster mit dem Wasser um, das bei uns selbstverständlich und zu allen Zeiten in der gewünschten Menge vor-

handen ist. Wann haben Sie/habt ihr das letzte mal ein Glas
Leitungswasser oder Quellwasser getrunken?

Tipp: Das Wasser der Enzquelle ist Trinkwasser. Hier können
wir also am Start noch unsere Radflaschen füllen.

Unsere Erdoberfläche ist ja bekanntermaßen zu etwa zwei Drit-
teln mit Wasser bedeckt. Auch der menschliche Körper besteht
zu einem Großteil aus Wasser. Stellen wir uns unseren Körper als
Gefäß vor: Das Wasser, das sich im Körper befindet, würde uns
von den Füßen bis hoch zur Brust reichen. Daher ist das klare
Nass auch täglich so wichtig für unser Leben: zur Reinigung, zur
Durchspülung, zur Ausscheidung. Führen wir uns zwei Bilder
vor Augen: Wo ist mehr Leben drin? In einem trockenen Flussbett
oder in einem sprühenden Wasserfall?

Untersuchungen des Japaners Emoto

Wie kann man die Qualität von Wasser testen? Neben den her-
kömmlichen Methoden hat der Japaner Emoto interessante Expe-
rimente gemacht. Er untersuchte Wasser verschiedener Herkünfte,
indem er es einfror und dann beim Auftauen die Kristalle foto-
grafierte. Diese Bilder der Wasserkristalle sind so unterschiedlich, wie man es nie erwartet hätte. Das Kristallbild ist praktisch

das Gesicht des Wassers und damit so unterschiedlich wie bei
den Menschen.

Auch machte er Versuche, wie das Wasser auf Einflüsse von
außen reagiert. Manches Quellwasser, besonders das von Heil-
quellen, hat von sich aus eine wunderschöne Struktur. Ein Gebet
oder ein Segensspruch lassen die Kristalle wie Kunstwerke oder
filigrane Schmuckstücke aussehen, auch bestimmte Art von Musik
mögen sie. Dagegen verändern sie ganz deutlich ihre klare kris-
talline Struktur, wenn sie negativen Einflüssen ausgesetzt sind.
Faszinierend!
Aus Masaru Emoto: Die Botschaft des Wassers
Jap./engl. Mit deutschem Beiheft
(kann bestellt werden bei Jörg Schweitzer, Zur Wasserburg 19a,
40764 Langenfeld, Telefon 02 12/6 19 47)

Wir entdecken die Natur
Selbstverständlich oder doch fremd?

Bei jedem Kapitel in diesem Band finden Sie in der Übersicht am Anfang des Kapitels neben den rein technischen Daten eine Aufzählung der Sehenswürdigkeiten der vorgestellten Radtour. Da tauchen die verschiedensten wohlklingenden Namen auf; auch an der Strecke liegende Spielplätze werden erwähnt.

Aber das, was uns als Radfahrer immer umgibt, nämlich die Natur, fällt bei dieser Aufzählung unter den Tisch. Wäre ja auch langweilig, die Natur ist ja ständig da, was soll daran schon besonders sein, was gibt es da schon zu entdecken?

Die Entdeckungen in der Natur erfordern unser Interesse und Aufmerksamkeit. Schöne Steine üben ganz von selbst eine Faszination (nicht nur) auf Kinder aus. Eine Schnecke oder einen Schmetterling zu beobachten, ein Marienkäferchen auf der Hand krabbeln zu lassen, die Vögel an ihrem Gesang zu erkennen, dazu muss man sich schon etwas mehr Zeit nehmen.

Die Natur ist nie langweilig, auch wenn sie sich jedes Jahr scheinbar wiederholt. Der Rhythmus der Jahreszeiten, das Wachsen, das Blühen, das Gedeihen der Früchte in Feld, Wald und Flur – jeder Monat bietet für den Naturfreund neue Gelegenheiten für Beobachtungen.

Oder: Wenn man im Wald Beeren oder Früchte wie Bucheckern essen möchte, muss man wissen, zu welcher Jahreszeit sie reifen und ob man sie auch eindeutig erkennen bzw. bestimmen kann, ob sie gut schmecken, bekömmlich oder womöglich giftig sind.

Dazu braucht man neben der Ruhe auch ein bestimmtes Wissen, denn ohne dieses lassen sich Zusammenhänge nicht ohne weiteres erkennen. Kennt man einmal den Unterschied zwischen einem Buchen- und Eichenblatt, kann man sich z. B. mit der typischen Wuchsform der jeweiligen Bäume vertraut machen. Dann erkennt man im Winter bei einem Spaziergang die Bäume auch ohne Belaubung. Und je mehr man kennt, um so mehr „erzählt" einem die Natur. Das lässt sich wie mit einem Freund vergleichen: Je mehr man sich mit ihm unterhält und gemeinsam unternimmt, umso größer ist die Vertrautheit. Und das, was man kennt und schätzt, darauf achtet man doch ganz anders, nicht wahr?

Aber wo kann man sich sachkundig machen? Es gibt vielerlei, auch empfehlenswerte Literatur zu diesem Thema, aber hervorgehoben werden sollen die naturkundlichen Museen. Die kann man meist das ganze Jahr über besuchen und da kann man sich ausführlich „weiterbilden" und für den nächsten Ausflug vorbereiten.

Ab welchem Alter soll man mit Kindern Radfahren?
Auf diese Frage eine allgemeingültige Antwort zu geben ist schwierig. Für eine richtige Radtour sollte man sich wirklich Zeit lassen, so etwa 6 bis 7 Jahre sollten die Kinder schon alt sein.

Wichtig
Die Kinder müssen ihr Rad sicher beherrschen, vor allem was das Lenken und Bremsen betrifft. Auch auf Radwegen gibt es an manchen Tagen ganz regen Betrieb! Die wichtigsten Verkehrsschilder und -regeln sollte jeder kennen.

Anreise mit der Bahn oder dem Auto?
Wie man zum Ausgangspunkt gelangt, soll jede Familie für sich entscheiden. Der Wohnort und die äußeren Gegebenheiten sind bei jedem anders und nehmen bei manchen schon die Entscheidung ab. Wer morgens erst mehrere Kilometer zu einem Bahnhof radeln muss – und abends wieder zurück – wird sich das schon gut überlegen. Jede Variante der Anfahrt hat ihre Vor- und Nachteile.

Bei der Anreise mit der Bahn sollte man sich vorher nach einer geeigneten Verbindung umschauen, evtl. sogar den Fahrplan für unterwegs mitnehmen. Von den meisten Strecken gibt es kleine gefaltete sowie handliche und kostenlose Streckenfahrpläne. Auch

gibt es an vielen Bahnhöfen Automaten, die einem Fahrplanauskünfte erstellen und in handlichem Format ausdrucken.

Auf der Strecke Bad Wildbad – Enzklösterle gibt es an den Wochenenden einen speziellen Fahrradbus, den Velo-Bus.

Bei der Anfahrt mit dem Auto ist man von Bahnhöfen und Fahrplänen unabhängig. Allerdings ist meistens bei vier Rädern auf dem Autodach Schluss, gut, ein Kinderfahrrad passt notfalls auch in den Kofferraum. Und obendrein – Vorsicht! – muss man sich bei der Fahrt immer der zusätzlichen Höhe der Fahrräder bewusst sein. Aber viele Familien können die Räder ja auch bequem in den Van laden und wahrscheinlich haben wir immer noch nicht alle Möglichkeiten aufgezählt …

Bei den Radtouren werden daher möglichst bei der Anreise beide Möglichkeiten erwähnt oder geschickt kombiniert.

Im Bereich Neuenbürg – Pforzheim – Mühlacker – Vaihingen gelten die Tarife des Verkehrsverbundes Pforzheim-Enzkreis GmbH (VPE), ab Vaihingen bis Bietigheim-Bissingen die des Verkehrsverbundes Stuttgart GmbH (VVS). Für den VeloBus (SüdwestBus) ab Bad Wildbad, der sonn- und feiertags ab Mai bis Anfang Oktober verkehrt, ist eine Voranmeldung erwünscht.

Auskünfte: Verkehrsverbund Pforzheim-Enzkreis GmbH (VPE)
Heinrich-Witzenmann-Straße 13
75179 Pforzheim
Telefon 0 72 31/39-22 88
Internet www.vpe.de

Verkehrs- und Tarifverbund Stuttgart GmbH (VVS)
Rotebühlstraße 133
70197 Stuttgart
Telefon 07 11/1 94 49
Internet www.vvs.de

Allgemeine Reisezugauskunft
Telefon 01 80/5 99 66 33
Internet www.bahn.de

Für die Buslinie Bad Wildbad – Enzklösterl bzw. Gompelscheuer:
SüdwestBus
RVS Regionalbusverkehr Südwest GmbH
ServicePunkt Pforzheim

Bahnhofsplatz
75175 Pforzheim
Telefon 0 72 31/38 53-30
Internet www.suedwestbus.de

Ausrüstung

Ein gut ausgerüstetes Rad mit aufgepumpten Reifen, funktionierenden Bremsen und mit Licht ist für jede Radlerin und jeden Radler, ob Groß oder Klein, obligatorisch. Ein Helm ist zu empfehlen, auch für Kleinkinder im Kindersitz.

Wer öfters eine Radtour plant, sollte an den Rahmen des Rads eine Befestigung für spezielle Fahrradtrinkflaschen anbringen (lassen). Auch ein Radkorb oder Satteltaschen auf dem Gepäckträger sind ganz nützlich. Des weiteren ist eine Lenkertasche von Vorteil, da man hier die Karte und den Radführer selbst unterwegs gut im Auge hat.

Radhandschuhe sind ein sehr motivierendes Outfit, desgleichen sportliche Radhosen. Übrigens, die Radhosen mit Einsatz ziehen die Profis auf die nackte Haut, also ohne etwas drunter, an.

Wie viele Gänge braucht das Rad?

Die Meinungen über die Anzahl der Gänge gehen weit auseinander, bei Kindern ist hierbei weniger oft wirklich mehr. Steigungen sind bei diesen Touren sowieso die Ausnahme und bei der oft vorhandenen Vielzahl von Gängen den jeweils richtigen zu erwischen, fällt oft Erwachsenen nicht gerade leicht.

Aus eigener Erfahrung weiß ich, wie weit Kinder mit ihrem Rad auch ganz ohne Gang kommen, ja vielleicht auch deshalb, weil sie sich ganz aufs Fahren konzentrieren können. Auch Erwachsene müssen sich nicht neu ausrüsten, mit einem Dreigangrad lassen sich die Radtouren gut bewältigen.

Klar, ab einem gewissen Alter wollen die Kinder, dass ihr Rad möglichst viele Gänge aufweist, aber alleine fahren tut es davon auch nicht!

Ausrüstung und Verpflegung unterwegs

Geschickt und schnell griffbereit auch bei kleinen Stopps hat man die Trinkflaschen, die mit einer speziellen Halterung am Rahmen befestigt sind. Im Radkorb oder den Satteltaschen können manche andere Utensilien wie Pulli, Regenjacke, Vesper, zusätzliche Trinkflaschen usw. verstaut werden. Zum Nachfüllen der Fahrradflaschen haben sich besonders die 1,0 oder 1,5 Liter PE-Flaschen bewährt.

An manchen Tagen sollte man an Badesachen denken, nicht nur für Freibäder, nein, auch auf einem Matschspielplatz oder bei einem Kneippbecken ist eine Badehose und ein Handtuch von Vorteil.

Spielgeräte

Kleinere Spielgeräte lassen sich meist problemlos verstauen, das Darandenken ist hierbei alles. Eine Frisbeescheibe, Tischtennisschläger plus Ball, ein (Fuß-)Ball – und schon wird aus einer normalen Wiese ein Spielplatz.

Pausen

Bei Radtouren mit Kindern, vor allem noch kleineren, sind die Pausen das Wichtigste. Das Radeln ist recht und schön und die Kids machen es auch gerne mit, wenn sie auch mal „ganz lange" an einem Platz bleiben dürfen. Dies kann ein Spielplatz sein, das Beobachten von Tieren auf, am oder im Wasser oder vieles andere mehr. So kann eine Radtour von „nur" 10 bis 20 Kilometern Länge auch mal viel länger dauern, als man sich das im Voraus vielleicht gedacht hätte.

Tipps fürs Radfahren unterwegs

Die meisten Unstimmigkeiten können bei der Radtour selbst aufkommen. Die große Schwester fühlt sich in ihrer Ehre gekränkt, wenn der kleine Bruder sie ständig überholt.

Oder eine andere Situation: oft verlieren die Kinder sofort jegliche Motivation und Lust, wenn bei einer noch so kleinen Steigung, wie z. B. nur einen kleinen Damm hoch, ein Elternteil als erstes oben ist.

Was bedeutet das für uns Eltern? Wir sollten das Verhalten unserer Kinder genau beobachten und vor allem beim Tempo darauf achten, dass nicht unsere Geschwindigkeit die Vorgabe, sondern das Kind die Richtgeschwindigkeit vorgibt. Natürlich erklären wir das nicht mit Worten, sondern spüren das während der Fahrt. Auf einem Radweg bietet sich beispielsweise oft die Möglichkeit, nebeneinander zu radeln. Und hierbei bleibt man – ganz unauffällig – einfach einen halben Reifendurchmesser hinter dem Kinderrad zurück.

Ja, und statt berghoch ordentlich Gas zu geben, steigt man als Eltern eben zwei Schritte früher ab als der Nachwuchs. Ganz enorm, was diese beiden einfachen Tipps für Auswirkungen haben! Das schönste Ergebnis dabei aber ist, dass bei den Kindern der Spaß und die Lust am Radfahren enorm steigen.

Klare Regelungen, wer wann vorne sein darf, vielleicht abwechselnd nach der Uhrzeit oder nach Ortschaften, entschärft das Problem der Konkurrenz unter den Geschwistern.

Kombinationen überlegen

Viele Radtouren-Vorschläge sind mit Absicht etwas kürzer gehalten. Nicht das ewig-lange-Unterwegs-sein ist das Ziel, sondern der Spaß am Draußensein.

Zuerst mit kleineren Radtouren beginnen und sich dann im Laufe der Zeit steigern und an die längeren Fahrten heranwagen, wer den Führer so handhabt, hat für viele Jahre eine wertvolle Hilfe bei der Gestaltung der Ausflüge.

Für ältere Kinder, die auch mal mit sportlichem Ehrgeiz fahren wollen, bietet es sich an, dass man auch mal zwei oder auch mehr Touren zu einer Radfahrt zusammenfasst.

Radpflege

Jedes Rad bzw. jede Kette freut sich über einige Tropfen Öl ab und zu. Gedankt wird uns diese Kleinigkeit mit einem viel angenehmeren Fahrgefühl und besseren Fahreigenschaften.

Woher zusätzliche Informationen beschaffen?

In den Infoteilen sind die Anschriften der Verkehrsämter und weiterer wichtiger Stellen angegeben. Weitere Infos zum Enztalradweg findet man z. B. auch im Internet www.enztalradweg.de.

1 Alles nimmt an der Quelle seinen Anfang

Von Gompelscheuer nach Bad Wildbad

Start: An der Enzquelle in Gompelscheuer
Ziel: Bad Wildbad
Länge: 20 km, Rundweg Bärlochkar zu Fuß 3 km
Verlauf: Radweg an der Enz entlang
Geeignet für: selbstradelnde Kinder ab 6 Jahren
Anfahrt: Mit dem Auto auf der B 294 ab Pforzheim bis Calmbach, dann beschildert weiter über Bad Wildbad nach Enzklösterle und Gompelscheuer. Wenige Parkmöglichkeiten in Gompelscheuer, Wald-Parkplatz nach dem Ort links auf der Straße in Richtung Poppeltal oder ab Pforzheim mit der Bahn und ab Bad Wildbad mit dem Velo-Bus bis Gompelscheuer
Entdecken: Poppeltal: Sommerrodelbahn und weitere Vergnügungen für Kinder und Erwachsene
Enzklösterle: Enzquelle, Urwalderlebnis Bärlochkar, Kulturdenkmal Rußhütte, Krippena 2000, historische Waldberufe, Forellenzucht-anlage, Kurpark mit Wassertretanlage, Fußmassagepfad, große Douglastanne und Spielplatz
Bad Wildbad: Bergbahn auf den Sommerberg, Bikepark

Kartentipp: 1 : 50 000 Landesvermessungsamt (LVA) Baden-Württemberg Blatt 3 Bad Wildbad, Freudenstadt

Sehen und Erleben:

Gerade auf der ersten Etappe des Enztalradweges gibt es so viel nebenher anzuschauen und zu erleben, dass man dazu fast gar einen extra Ausflugstag einplanen könnte. Auch wer es vorhat, den ganzen Enztalradweg oder ein recht großes Stück davon zu fahren, sollte sich gerade hier ein wenig mehr Zeit nehmen, radeln kann man wirklich noch genug im Verlauf des Radweges.

Ausgangspunkt ist die Enzquelle in Gompelscheuer. Auf der Tafel an der neu gestalteten Quellfassung können wir lesen: „Hier entspringt die Große Enz. Poppelbach und Kaltenbach werden mit dem Quellursprung vereinigt. Die Quelle wurde im Jahr 1936 vom Schwarzwaldverein gefasst und erneuert. Bis gegen Ende des 19. Jahrhunderts wurde von hier aus geflößt."

Aha, gleich hier hören wir das erste Mal von den Flößern. Das Holz aus dem Schwarzwald war als Bau- und Brennmaterial sehr begehrt. Teilweise ging die Fahrt auf den langen Flößen bis nach Holland. Eine Eisenbahn gab es damals noch nicht, so dass für den Transport der unhandlichen Stämme nur der Wasserweg in Frage kam.

Schon nach wenigen Kilometern auf dem Enztalradweg können wir uns für das erste Erlebnis abseits des Weges entscheiden. Absolut empfehlenswert ist der drei Kilometer lange Rundgang „Urwalderlebnis Bärlochkar". Dafür lohnt es sich wirklich, die Räder stehen zu lassen und auf Schusters Rappen den Wald zu durchstreifen. Mit der Markierung *Bärentatze* ist der Weg durchgehend, zuverlässig und übersichtlich gekennzeichnet. Verschiedene Stationen vermitteln Interessantes und laden auch zum Rätseln ein. Allerdings müssen wir zuerst eine Weile auf einem ganz normalen Waldweg unterwegs sein. Wenn man das im Voraus weiß, kann sich jeder darauf einstellen.

Tipp: Nach der Station „Totholz" beginnt der beeindruckende und märchenhaft schöne Abschnitt des Rundweges. Wie auf einem weichen Teppich wandeln wir auf dem dick mit Moos bewachsenen Pfad. Was es da noch alles zu sehen und zu erleben gibt!

Als nächstes gibt es nur wenig abseits unserer Route ein einzigartiges Kulturdenkmal zu besichtigen: eine Kienrußhütte. Ein steinerner Zeuge eines ausgestorbenen Waldgewerbes und ein Denkmal der deutschen Chemiegeschichte – das 1829 erbaute Gebäude ist in Deutschland eine Rarität. 1982 wurde die Kienrußhütte wieder entdeckt und von 1992 bis 1994 restauriert. Der Kienruß war vor der Entdeckung anderer dunkler Farben das einzige Schwarzpigment und wurde mit der Flößerei ebenfalls bis nach Holland verkauft. Man brauchte ihn für die Herstellung schwarzer Färbemittel wie z. B. für schwarze Ölfarbe, Stiefelschmiere, Druckerschwärze oder Tusche.

Und in Enzklösterle wartet noch eine dritte Attraktion auf uns. In der Ausstellung Krippena 2000 im Cafe-Restaurant „Am Hirschpark" sehen wir holzgeschnitzte Krippen aus der ganzen Welt, die jede für sich ein Kunstwerk darstellt und auf wirklich schöne Art und Weise präsentiert wird. Lebensgroße Figuren und ein 1,95 Meter hohes Kamel sind mit Recht der ganze Stolz des Besitzers Theo Gütermann.

Für uns ist in der Schnitzerstube das große Schwarzwaldpanorama besonders informativ und eindrucksvoll. In liebevoller Kleinarbeit werden die vielen alten Berufe, die mit dem Wald, der Köhlerei, den Salbeöfen, der Flößerei und so weiter zusammenhängen, dargestellt. Die von Hand geschnitzten Figuren wurden ganz der jeweiligen Tätigkeit und dem Leben nachempfunden. So kann man vielfältige Szenen beobachten. Die anstrengende Arbeit der Flößer und in der Landwirtschaft erlebt man in den lebensecht gestalteten Figuren, aber auch die Leichtigkeit und Unbeschwertheit des Seins spiegelt sich z. B. in dem Flötenspieler.

Dass sich dabei vieles bewegt, macht die Szenen umso realistischer, dazu gibt es verständliche Erklärungen und Erläuterungen. Tiere, die im Schwarzwald zu Hause sind oder waren, werden ebenfalls gezeigt und die dazugehörigen Stimmen hört man vom Band.

Aber, und das muss auch deutlich gesagt werden, noch ist damit nicht alles erwähnt, was man hier unternehmen und erleben kann. Das Freilichtmuseum Rohnbachtal mit dem Salbebrennofen, dem Kohlenmeiler u. v. m., das Rotwildgehege in Enzklösterle sowie die Sommerrodelbahn und viele weitere Vergnügungen für Kinder und Erwachsene in Poppeltal sollten und dürfen nicht unbeachtet bleiben. Da sind noch eine ganze Menge eigener Erkundungen möglich.

Urwalderlebnis Bärlochkar
Geöffnet: ganzjährig zugänglich

Kienrußhütte Enzklösterle
Geöffnet: ganzjährig zugänglich 8.00 – 17.00 Uhr

Krippena 2000, Schnitzerstube Theo Gütermann
Hirschtalstraße 30, 75337 Enzklösterle
Geöffnet: wochentags 9.30 – 17.00 Uhr
samstags und sonntags 9.30 – 16.00 Uhr
Ende Januar bis 15. März geschlossen
Eintritt: Erwachsene EUR 3,00
Schüler in Begleitung
Erwachsener frei
Führungen: bei Gruppen auf Wunsch möglich
Auskünfte: Telefon 0 70 85/74 55
Telefax 0 70 85/74 55

Info: Kurverwaltung Enzklösterle
         Friedensstraße 16
         75337 Enzklösterle
         Telefon 0 70 85/75 16
         Telefax 0 70 85/13 98
         e-Mail   tourist-info-enzkloesterle@t-online.de
         Internet www.enzkloesterle.de

Die Tour:

Los geht's! Haben wir unsere Trinkflaschen gefüllt? Das Wasser der Enzquelle ist nämlich gutes Trinkwasser – schön frisch und gekühlt!

Von der **Enzquelle** in Gompelscheuer über die Straße drüber und gleich haben wir den ersten Mini-Anstieg vor uns, oben zweigen wir nach links beschildert auf einen Forstweg ab.

Im Wald radeln wir oberhalb des kleinen Flüsschens und kommen an der Straße zwischen Enzklösterle und Gompelscheuer raus. An dieser Stelle müssen wir kurz nach links über die

Vorbereitungen für die erste Etappe

Enzbrücke, um dann aber gleich wieder nach rechts auf den ausgeschilderten Radweg, den geteerten „Petersmühleweg", abzuzweigen. Hier schon kommen wir an einem idyllisch gelegenen Rastplatz vorbei. Die Räder rollen angenehm weiter und ein Straßenschild kündigt Enzklösterle an.

Die Forellenzucht liegt rechts und mit Schwung überwinden wir den nächsten kleinen Anstieg. Beobachten wir die Landschaft rings um uns. Atmet einmal ganz bewusst tief durch, spürt ihr die würzige Schwarzwaldluft?

Dann öffnet sich das schmale Tal, rechts und links von ansteigenden Berghängen umrahmt.

Rechts von uns sehen wir den Sportplatz, am Waldrand fällt ein kleiner Trampelpfad auf, der mit dem Schild „Fußweg nach Gompelscheuer" bezeichnet ist. Das ist die Stelle, an der wir entscheiden müssen, ob wir das Urwalderlebnis Bärlochkar besuchen wollen. Hier besteht nämlich die erste Möglichkeit, die Räder stehen zu lassen und sich zu Fuß auf zu machen.

Allerdings können wir auch mit den Rädern hoch zum Wald-Parkplatz fahren: Geradeaus vor bis zur Bushaltestelle Rohnbach. Nach links geht's beschildert zum Urwalderlebnis Bärlochkar, dann an der Gabelung links den „Langenhartweg" hoch und zum Parkplatz am Waldrand.

Urwalderlebnis Bärlochkar:
Den kurzen steilen Fußweg hoch zum Parkplatz am Waldrand. Die Übersichtstafel zeigt den Verlauf des Rundweges an. Mit der Markierung *Bärentatze* starten wir auf dem Waldweg. Nach

Info-Tafel zum Abstecher ins Bärlochkar

links gut beschildert weiter und dann zur ersten Station, die von den Bären erzählt, die es hier vor einigen Jahrhunderten gegeben hat. In dem Bannwald – der Wald bleibt sich selbst überlassen, nichts wird auf dieser Fläche gerodet oder bewirtschaftet – dann an einem Gedenkstein an die heftigen Stürme Vivian und Wiebke (1990) sowie Lothar (1999) vorbei weiter. An der Station „Fichte/Tanne" werden die Unterschiede der beiden Bäume in Wort und Bild erläutert. Die Station „Totholz" als Lebensraum für Specht und Co. wirkt wie aus einer anderen Welt, abgestorbene alte Stämme bzw. Baumstümpfe sieht man sonst nicht so oft im Wald.

Anschließend wird es erst richtig interessant, dann zweigen wir nach rechts auf den Naturpfad ab, und ab hier wird es wirklich sehr idyllisch und märchenhaft. Das Wort „Kar" und die Bildung eines solchen werden erläutert. Man trifft Kare im Schwarzwald des öfteren an, meist ist ein See dabei. Hier ist tatsächlich der Boden weiter vorne auch feucht und einen kleinen Tümpel gibt's auch.

Sehr schön ausgewählt der Vergleich der Situation von 1994 mit der aktuellen vor Ort. Faszinierend, die Entwicklung meh-

Alte Wald- und Holzberufe in der Krippena 2000

rerer Jahre so schön betrachten zu können. Der gebogene Ast ist immer noch als solcher zu erkennen. Butterweich schreiten wir auf dem Naturboden weiter. Der weiche Moospfad führt uns zu Holzstegen, der Urwald ist damit für uns gangbar gemacht worden.

Trick: Wem es hier gefällt und wer sich diese Erinnerung möglichst lange und gut im Gedächtnis und im Gefühl bewahren möchte, kann folgende einfache Übung machen: Man stellt sich an den ausgesuchten schönen Ort hin und betrachtet ihn ausgiebig. Und nun kommt der Trick: Wir nehmen unsere Finger und drücken z. B. den Daumen und den Mittelfinger gleichzeitig gegeneinander – oder jede andere Kombination der Finger ist genauso möglich. So bleiben wir eine Weile stehen und wenn wir meinen, dass der besonders schöne Eindruck „abgespeichert" ist, dann lösen wir die Verbindung der Finger wieder.

Das funktioniert in etwa so wie der bekannte Knoten im Taschentuch. Der soll einem auch helfen, sich an etwas zu erinnern, nicht wahr? Aber unsere Finger haben wir immer dabei, das ist das Schöne. Und wenn wir mal in einer weniger angenehmen Situation sind, rufen wir uns einfach mit der gewählten Fingerkombination dieses hier erlebte angenehme Gefühl ins Gedächtnis zurück. Ob das auch wirklich funktioniert? Tja, am besten selbst ausprobieren!

Flechten, Moose, Farne und ihre Bedeutung erleben wir beim weiteren Rundgang. Flechtenbären gibt es heute noch, aber vor denen brauchen wir keine Angst zu haben! Moose sind der beste Hochwasserschutz, wer hätte das gewusst? Sie nehmen nämlich das Sechsfache ihres Eigengewichtes an Wasser auf!

Zum Schluss geht es einen kleinen Pfad hinunter und nach rechts auf dem Waldweg zum Ausgangspunkt zurück.

Weiter mit dem Rad:
Wir folgen dem Radweg im Tal, fahren an den ersten Häusern vorbei und kommen zur Bushaltestelle Rohnbach. Nach rechts auf dem bezeichneten Radweg weiter. Schon wenig später fällt uns auf der linken Seite eine Tafel auf. Sie steht am malerisch dahinfließenden Rohnbach, achten wir auch auf das typische Gestein des Schwarzwaldes: den Buntsandstein. Wir werden unterwegs noch einige Kirchen sehen, die aus dem markanten roten Stein erbaut wurden.

Die Tafel informiert: „Am Zusammenfluss von Rohnbach und Enz lag bis zum Ende des 19. Jahrhunderts der sogenannte Rohnbach-Keiter. Ein Keiter war die primitive Form einer Wasser-stube ohne Stellfalle. Auch stand hier um 1547 die Kath-Mühle, welche 1747 abbrannte."

Aha, hier wurden also die Stämme mit Hilfe von metallenen Ringen, die in das Holz gebohrt wurden, und mit selbstgedrehten Wieden zu Flößen zusammengebunden. Ausdrücke, die jetzt vielleicht noch wie böhmische Dörfer klingen, werden in der Krippen-Ausstellung, im *Flößermuseum* in Calmbach oder spätestens im *Stadtmuseum Pforzheim* in Brötzingen deutlich. Erklären allein nützt nämlich wenig, wenn man es einmal gesehen hat, kann man sich alles viel besser vorstellen.

Wir überqueren die Enz und zweigen nach links hinunter auf einen nicht geteerten Weg, direkt neben der Enz entlang. Klares schönes Wasser, ab und zu eine Bank, wir sind auf dem „Promenadeweg" von Enzklösterle. Eine kleine Böschung hoch und schon steht der nächste, dieses mal sehr kurze, Abstecher zum Kulturdenkmal Rußhütte an.

Tipp: Gerade an dieser Brücke kann man sehr schön zum Ufer der Enz hin und auch mal die Schuhe und Strümpfe ausziehen und im flachen Wasser waten.

Nach links über die Brücke und auf dem kleinen Anliegersträßchen, dem „Köhlerweg" fast bis zum Waldrand. Beschildert nach links stehen wir dann an dem unscheinbaren Häuschen.

Die **Kienrußhütte Enzklösterle** besteht aus zwei Räumen, in dem einen steht der Brennofen, der andere ist der Rußfangraum, in dem es heute noch nach Ruß riecht.
Bei Ruß denkt man doch meistens gleich: „Iiihhh, da wird man ja ganz schwarz!" Schwarze Finger und schmutzige Kleidung – das sind doch die ersten Gedanken, nicht wahr? Aber früher hatte man kein anderes Färbemittel für schwarze Farbe als gerade den Ruß. Für welche Dinge war er denn besonders wichtig?
Nach oben ist der Abzugskamin mit einem Leinenstoff ausgekleidet, hier wurde der feine Ruß – für besondere Zwecke – aufgefangen. Durch anschließendes Ausglühen unter Luftabschluss wurde er zu fast reinem Kohlenstoff, dem sogenannten Doppelruß, weiterverarbeitet.

Auch wer die wunderschön gestaltete Ausstellung **Krippena 2000** anschauen möchte, hält sich an der Brücke nach links. Nach der Rußhütte rechts auf dem Waldweg radeln wir vor bis zur Straße, links die „Hirschtalstraße" aufwärts und wir kommen zu der sehenswerten Krippen- und Schnitzkunst-Schau.
Danach die „Hirschtalstraße" abwärts bis zur Kreuzung in Enzklösterle. Wer mag, zweigt schon vorher an der Gäste-Information nach links zum Kurpark ab, auf beide Arten kommen wir jedoch hinab zur Straße, der wir nach links aus dem Ort hinaus folgen.

Wer weder Rußhütte noch Krippena 2000 anschauen möchte, fährt auf dem gesplitteten „Promenadeweg" an der Enz entlang weiter. Wir kommen an einer Kuhweide vorbei, auf der ganz weiße Charolais-Rinder zu finden sind. Die weißen Tiere sind allerdings für den Schwarzwald keine typische Rasse.

Links auf der anderen Bachseite liegt ein Campinglatz, wir wenden uns dem Radweg folgend zum Hetschelhof. Wir lesen auf der Tafel, dass der Hof in frühester Zeit Ausgangspunkt für Hetzjagden war und er damals Hetzelhof hieß.

Nach rechts hoch beschildert zur Straße und nach links auf einem extra Weg entlang. Wir gelangen an die Straßenkreuzung im Ort. Hier könnte man bei Bedarf immer noch nach links hoch zur Krippena 2000 kommen.

Ansonsten geradeaus über die Brücke. Aber schon lockt der nächste Halt. Der **Kurpark Enzklösterle** mit Wasser-Fontäne, Kneipptret-Becken sowie Fußmassagepfad. Auch eine dicke Douglastanne, die 1880 gepflanzt wurde, mittlerweile einen Stammumfang von gut 5,5 Metern hat und 36 Meter hoch ist, können wir bestaunen.

Also, wer da hin will, hält sich sofort nach der Brücke nach links, biegt noch vor dem Hotel Waldhorn-Post ein und geradeaus ansteigend erreichen wir den erwähnten imposanten Nadelbaum und sehen auch schon eine Kirche aus dem Buntsandstein! Mit ein bisschen Glück sehen wir sogar zutrauliche Eichhörnchen durch den Park huschen. Nach rechts kommen wir zum Spielplatz.

Aber dann verlassen wir, jeder mit vielen neuen Erfahrungen, den hübschen Schwarzwaldort Enzklösterle. Jetzt haben wir erst einige wenige Kilometer zurückgelegt und doch haben wir schon eine Menge gesehen und erlebt. Wie macht das wohl das Wasser auf seiner Reise? Hat es auch Erlebnisse, die es speichert oder an die es sich erinnert? Wer hat welche Meinung dazu? Mehr zu diesem Thema im Kapitel „Wasser".

Auf dem Radweg rechts parallel zur Straße weiter bis zur Sporthalle, über die Straße hinüber und auf der anderen Seite entlang beschildert weiter. Nach Pforzheim sind es 36 km, nach Bad Wildbad 12 km, nach Nonnenmiß 1 km.

Wir erreichen **Nonnenmiß**. Rechts und links steigen die Berghänge mit dem für den Schwarzwald so typischen Nadelwald an. In dem schönen idyllischen Tälchen hat es einfach zu wenig Platz, so dass die Häuser auch an die Hänge gebaut werden.

Achten wir auf die Markierungen: vor der Bushaltestelle nach links weg, auf gesplittetem Weg, zuerst weg von der Straße und dann wieder zur Straße hin.

An der Einmündung nach rechts abzweigen und nach der Brücke gleich wieder nach links in den Wald hinein. Im Moment im Wald etwas ansteigend haben wir bis zur Kälbermühle noch 3,5 km vor uns. Dabei können wir tief ein- und ausatmen, halt, zuerst aus und dann ein. Denn man muss ja zuerst für die frische neue Luft Platz machen! Das ist wie bei einem Sack: in einen vollen Sack kann man auch nichts mehr hinein tun!

Links unter uns fließt die Enz schön im Schatten dahin, die Häuser des langgestreckten Ortes Nonnenmiß sind in der Sonne. Rechts vom Hang her rinnen kleine Zuflüsse.

Eine Hinweistafel auf das historische Waldgewerbe findet sich auch hier: Tafel Nr. 15: „Als wichtige Einrichtung der Flößerei auf der Enz lag an dieser Stelle bis gegen Ende des 19. Jahrhunderts die Hirschwasserstube, in welcher Langholz zu Gestörren und Flößen eingebunden und anschließend flussabwärts transportiert wurde."

Von außen ein unscheinbares Kulturdenkmal – die Rußhütte

Nach dem Besuch der Krippena 2000 sind uns die Ausdrücke schon etwas geläufiger, nicht wahr? Mit wenig Beinkraft rollen wir angenehm dahin und sehen unter uns das Gehöft **Kohl–häusle**.

„Die beiden Gehöfte tragen noch heute den Namen Kohlhäusle, weil hier bis ins 19. Jahrhundert ein wichtiger Platz zur Herstellung der Holzkohle war. Außerdem stand hier die einstige Kohlmühle, eine kleine Sägmühle.“

Erst ein klein wenig ansteigend, dann wieder eben weiter. Mittlerweile ist es um uns herum recht kahl geworden, das sind alles noch Folgen des gewaltigen Sturms „Lothar“ vom 26. Dezember 1999. Mal leicht bergauf und dann wieder abwärts weiter und schließlich auch im Schatten des wieder vorhandenen Waldes. Immer geradeaus und zum Schluss abwärts erreichen wir die **Kälbermühle** (Einkehrmöglichkeit).

Nach rechts auf dem Enztalradweg weiter radeln wir in Richtung *Christophshof* und *Wildbad*. Nach rechts im Tal durchqueren wir einen riesigen Holzlagerplatz mit „Dusche“. Das Holz darf nämlich nicht austrocknen. Wie lange der große Stapel wohl noch bestehen bleibt?

Dann geht es geradeaus in den Wald hinein ansteigend weiter. Unten gibt es noch eine letzte Möglichkeit zu rasten. Für den

Noch ist die Enz ein schmales Bächlein

folgenden kurzen steilen Abschnitt bergauf brauchen wir wirklich auch mal die unteren Gänge des Rades.

Aber zum Trost: Da wo's hoch geht, geht es auch wieder bergab. Wir kommen zu einer Gabelung, halten uns nach links bergab und sehen auch mal wieder den Fluss, wir befinden uns noch immer oberhalb davon.

An der „Guldenbrücke" mündet unser Radweg in die Straße, kurz danach auf separatem Radweg nach rechts entlang und dann nochmals nach rechts weg und wieder in den Wald hinein. Jetzt hat es insgesamt schon weniger Rastplätze und -bänke. Auf dem „Wasserleitungsweg" erreichen wir eine Straße (bei der Gabelung kurz vorher sind beide Variationen möglich!). Überqueren und Richtung „Bad Wildbad" radeln wir weiter.

Am Hang sehen wir wieder Häuser, ganz oben den Sommerberg. Wir rollen hinab zur Straße. Achtung, Vorsicht, Straße überqueren und auf beschildertem Radweg weiter nach links bergab. Nach links über die Brücke, über welchen Fluss fahren wir da wohl?

Nach rechts auf dem „Jahnweg" und an den Sportplätzen vorbei. Mit der Enz flussabwärts, dann nach rechts über den Steg

Auch mal ein Anlass zur Rast: Tiere am Wegesrand

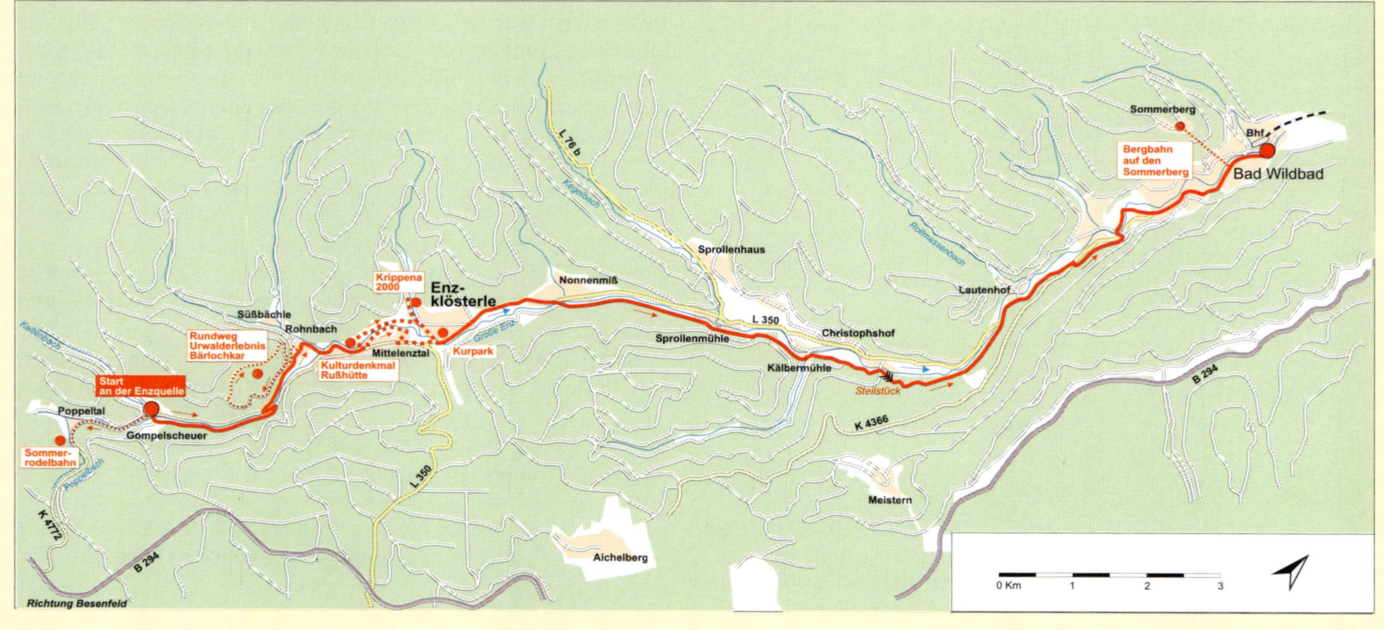
1
Sommerberg
Bhf
Bergbahn
auf den
Sommerberg
Bad Wildbad
L 76 b
Kegelbach
Sprollenhaus
Rollmassenbach
Lautenhof
Krippena
2000
Enz-
klösterle
Nonnenmiß
Süßbächle
Rohnbach
L 350
Christophshof
Kaltenbach
Rundweg
Urwalderlebnis
Bärlochkar
Mittelenztal
Kulturdenkmal
Rußhütte
Kurpark
Große Enz
Sprollenmühle
Start
an der Enzquelle
Kälbermühle
Steilstück
Poppeltal
Gompelscheuer
K 4366
Sommer-
rodelbahn
Poppelbach
B 294
L 350
Meistern
K 4772
B 294
Aichelberg
Richtung Besenfeld
0 Km   1   2   3

und durch die beginnenden Kuranlagen auf extra ausgewiesenem Radweg. Ein gusseiserner Pavillon im orientalischen Stil, der ehemals unbeachtet auf dem Försterberg stand und dann 1972 in den Kurpark versetzt wurde, zieht die Blicke auf sich. Er hat hier einen glanzvollen neuen Standort gefunden.

Hoch zur Straße und nach links auf beschilderten Radweg daran entlang weiter. Die Straße verschwindet im „Meistern-Tunnel", wir radeln links daran vorbei und kommen in die Ortsmitte von **Bad Wildbad** hinein. An der Kirche vorbei auf die „Blumenthalpromenade", abwärts, rechts in Richtung der Beschilderung „U 2" und „Bergbahn" weist auch der Radweg. Auf der „König-Karl-Straße" nach rechts, am „Uhlandplatz" finden wir – ein wenig nach links hinten versetzt – die Talstation der Bergbahn auf den Sommerberg.

Der Radweg führt parallel zur Enz weiter, entgegen der Einbahnstraße, aber Radfahrer sind frei, das Flair des alten Kurortes spiegelt sich in den erhabenen hohen alten Häusern und Hotels sowie den vielen blumengeschmückten Brücken und Stegen wider. An der Enz entlang gibt es viele Bänke, so dass wir das muntere Treiben beobachten können. Wer es ruhiger liebt: Rechts gibt es eine Fußgängerzone. Immer geradeaus kommen wir gut beschildert zum **Bahnhof**.

Wer auf dem Enztalradweg weiterradeln möchte, hält sich am Kreisverkehr noch vor dem Bahnhof nach rechts hoch in Richtung *Enztal-Gymnasium, Sommerberg, Bikepark* und zweigt dann beschildert nach rechts ab.

2 Es klappert die Mühle am rauschenden Bach

Von Bad Wildbad nach Neuenbürg

Start:	Bad Wildbad
Ziel:	Neuenbürg
Länge:	17 km
Verlauf:	auf separatem und meist ebenem Radweg
Geeignet für:	selbstradelnde Kinder ab 6 Jahren
Besonderes:	für das Wassertretbecken Badesachen einpacken
Anfahrt:	Mit der Bahn oder dem Pkw, Parkmöglichkeitenin Bad Wildbad in Parkhäusern oder am Waldfriedhof, Parken auch am Hauptbahnhof in Neuenbürg möglich
Entdecken:	Rössleswirtinbrunnen sowie Heimat- und Flößermuseum in Calmbach, Wassertretbecken, Besucherbergwerk „Frischglück", Schloss Neuenbürg, Pektin-Herstellung
Kartentipp:	1 : 50 000 LVA Baden-Württemberg Blatt 1 Karlsruhe, Pforzheim

Sehen und Erleben:

Auf dem Enztalradweg zwischen Bad Wildbad und Neuenbürg sind wir immer noch im Schwarzwald unterwegs. In Calmbach hören wir von der mutigen Rössleswirtin, im Heimat- und Flößermuseum können wir alle Fragen loswerden, die uns in bezug auf die alten Berufe und Begriffe noch wichtig oder unklar sind. Anschauliche Modelle, imposante Bilddokumente und viele Originalwerkzeuge verdeutlichen die verschiedenen handwerklichen Arbeiten beispielsweise bei der Flößerei. Auch die Wiederherstellung kann nachvollzogen werden. Zum Schmunzeln sind die „Weltlichen Strafen" und die Preise fürs tägliche Leben im 18. Jahrhundert, wie sie in einem anderen Raum aufgelistet sind. Damals bezahlte man übrigens mit Gulden und Kreuzern.

Auf dem Weg zwischen Höfen und Neuenbürg gibt es speziell für die Füße eine willkommene Erfrischung. In Neuenbürg selbst haben wir eine breite Auswahl an Unternehmungen. Praktisch im Vorbeifahren können wir uns über die Pektinherstellung aus Äpfeln informieren. Für die Besichtigung des Museums im Schloss und für das Besucherbergwerk „Frischglück" sollte man jedoch etwas mehr Zeit einplanen.

2

Wer mal einen Eindruck von einem harten Arbeitstag in einem alten Eisenerzbergwerk gewinnen möchte, sollte einen Ausflug in die Grube „Frischglück" unternehmen. Schon die Kelten und die Römer haben hier vor 2000 Jahren nach Erzen gegraben und Eisen daraus geschmolzen. Von 1720 bis 1868 wurde dort nachweislich unter Tage gearbeitet, das hat der aktive Verein „Arbeitsgemeinschaft Neuenbürger Bergbau" anhand von Dokumenten festgestellt. Überhaupt haben wir es den rührigen und aktiven Mitgliedern dieses Vereines zu verdanken, dass wir heutzutage wieder in die Frischglück-Grube einfahren können. Sie haben nämlich in den Jahren von 1979 bis 1985 mehr als 22 000 freiwillige Arbeitsstunden geleistet, die eine „Aufwältigung" der Grube möglich gemacht haben. Da musste der obere Ausgang gemauert, eine Wendeltreppe eingebaut und noch vieles mehr getan werden, um uns – den Besuchern – eine gefahrlose Besichtigung eines alten und anstrengenden Handwerksberufes vor Ort zu ermöglichen.

Mit Helm und Umhang versehen starten wir zur Führung. Das bekannte Bergbauzeichen „Schlägel und Eisen" an der Eingangstür zeigt übrigens die beiden Geräte, die tatsächlich das

Gleich geht's los zur Führung im Besucherbergwerk Neuenbürg

einzige Handwerkszeug der ersten Bergleute war. Da kann man sich vorstellen, wie mühsam es war, das Erz zu gewinnen. Ob die Bergleute wohl auch einen Schmied beschäftigt hatten, der das Werkzeug immer wieder schärfte?

Innerhalb des Besucherbergwerks legen wir 162 Stufen zurück, da wir auf drei verschiedenen Etagen, bergmännisch heißen sie übrigens Sohlen, unterwegs sind. Eine Zeichnung zeigt im Querschnitt den heutigen Ausbau der Grube.

Die Gänge durch die einzelnen Sohlen sind teilweise sehr schmal und eng, manchmal heißt es für die Erwachsenen sogar, den Kopf einzuziehen. Selbst bei den „Weitungen" sucht man vergeblich nach mehr Platz, der Bergmann verstand darunter nämlich nur die „Aushöhlung" nach oben. Die enge Wegführung liegt aber nicht etwa daran, dass man sie aus Sparsamkeitsgründen so gewählt hat, nein, das Erzvorkommen mitten im Buntsandstein war einfach nicht breiter und daher konnte auch nicht mehr Erz abgebaut werden.

Der 6. Juni 1805 war ein ganz besonderes Datum: Kurfürst Friedrich, der spätere König von Württemberg, kam nach Neuenbürg und stattete der Grube einen Besuch ab. Eine Erinnerungstafel und Zeitungsausschnitte (in der Stollenschänke, mit Übersetzung) künden von diesem großen Ereignis.

Wen interessieren die Arbeitsbedingungen der damaligen Zeit? Die Arbeitszeit im 6° C bis 8° C warmen bzw. kalten Stollen (diese Temperaturen herrschen auch heute noch!) betrug 13 Stunden. Krankheiten wie Rheuma oder Bronchitis und durch die andauernde Dunkelheit oft auch eine Erblindung waren die gesundheitlichen Folgen für viele Bergleute. Dass sie unter solchen Umständen kein hohes Alter erreichten, kann man sich leicht denken. Dagegen wird heutzutage von immer mehr Menschen die „frische" Luft in den Stollen geschätzt. Die hohe Luftfeuchtigkeit von 95 % und vor allem die Pollenfreiheit im Bergwerk wird heute von Allergikern und Asthmatikern geschätzt.

Ein geheimnisvolles Leuchten in die Welt unter Tage bringen die fluoreszierenden und phosphoreszierenden Steine, die wir zum Abschluss der Führung sehen. Mit klammen Fingern und kalten Nasenspitzen erreichen wir daraufhin den Ausgang und spazieren zum Ausgangspunkt zurück.

Im Schloss Neuenbürg wurde im Sommer 2001 ein Erlebnismuseum eingerichtet. Auf besondere Art und Weise – als „erschreckendes Theater" in sechs Bildern – wird dort z. B. das Märchen „Das kalte Herz" von Wilhelm Hauff dargestellt und vorgeführt. Die Besucher erleben hautnah die ergreifende Geschichte vom Kohlenmunk-Peter und dem Holländer-Michel. Zuerst erleben wir den Kohlenmunk-Peter im Wald bei seinem Kohlenmeiler, in dem abgedunkelten Raum wirkt die Szene so echt, als ob wir wirklich selber mit dabei sind. Als Sonntagskind hat er, falls ihm der richtige Spruch einfällt, drei Wünsche frei. Natürlich wollen die aber gut überlegt werden. Was macht er daraus?

Als Besucher bewegen wir uns innerhalb des Märchens und der Szenen. Von Raum zu Raum erleben wir den Fortgang der Geschichte. Die grob aus Holz behauenen Figuren stellen in ihrer Einfachheit ganz klar die bedeutsamen Wesenszüge der dargestellten Personen und Tiere heraus. Spezielle Lichteffekte sorgen für Spannung und überraschende Effekte. Das Märchen und seine eindringliche Darstellung ist allerdings erst für größere Kinder geeignet.

Heimat- und Flößermuseum der Stadt Bad Wildbad
Stadtteil Calmbach, Bergstraße 1

Geöffnet: sonntags   14.00 – 17.00 Uhr
Gruppen und Vereine auch
werktags nach Vereinbarung

Eintritt: Erwachsene   EUR 1,50
Kinder und Jugendliche
(7 bis 16 J.)   EUR 0,75
Auskünfte: Stadtverwaltung Bad Wildbad
Telefon 0 70 81/9 30-1 11
Einkehr: Gaststätte im Haus

Besucherbergwerk Frischglück
Das Besucherberwerk liegt an der Straße von Neuenbürg nach Waldrennach. Der Parkplatz ist an der Straße und über Stufen kommt man zum Eingang.

Geöffnet: April bis Oktober
samstags, sonn-
und feiertags   10.00 – 17.00 Uhr
mittwochs bis freitags für Gruppen
ab 12 Personen nach Voranmeldung

Eintritt: Erwachsene   EUR 3,50
Kinder (6 bis 12 J.)   EUR 2,00
Auskünfte: Stadtverwaltung Neuenbürg
Rathausstraße 2
75305 Neuenbürg
Telefon 0 70 82/79 10-0
Telefax 0 70 82/79 10-65

Internet:	www.neuenbuerg.de
	www.frischglueck@home.pages.de
e-Mail:	stadtverwaltung@neuenbuerg.de
Einkehr:	„Stollenschänke" beim Besucherbergwerk (Gruppen bitte unter 0 70 82/5 04 44 vorbestellen)

Schloss Neuenbürg
75305 Neuenbürg

Geöffnet:	9. Februar bis 30. April	
	täglich	13.00 – 18.00 Uhr
	1. Mai bis 30. Oktober	
	täglich	10.00 – 18.00 Uhr
	1. November bis 6. Januar	
	täglich	13.00 – 18.00 Uhr
Eintritt:	Erwachsene	EUR 3,50
	Kinder (ab 5 J.)	EUR 2,00
	Kombikarte Bergwerk/Schloss erhältlich	
Auskünfte:	Telefon 0 70 82/79 28 60	
	Telefax 0 70 82/79 28 70	
Internet:	www.schloss-neuenbuerg.de	
Einkehr:	Schloss-Restaurant	

Willkommene Erfrischung direkt am Radweg

Die Tour:

Wir starten in **Bad Wildbad** am **Bahnhof**. Zuerst nach rechts in Richtung Ortsmitte und dann am Kreisverkehr nach rechts hoch in Richtung *Enztal-Gymnasium, Sommerberg, Bikepark*. Auf einem Schild lesen wir die Entfernungen: Pforzheim 26 km, Neuenbürg 13 km, Höfen 7 km, Calmbach 3 km.

Der Radweg zweigt gut beschildert nach rechts ab, ein kleiner Spielplatz mit Bänken lockt zu einer ersten Verschnaufpause. Wir radeln an stattlichen Häusern im typischen Schwarzwald-Baustil vorbei und dann zweigen wir beschildert nach rechts ab, die „Alte Calmbacher Straße" hinunter.

Unterhalb des Waldfriedhofs vorbei und dann oberhalb einer Forellenzucht strampeln wir weiter. Man sieht sogar von hier oben aus, wie sich die Fische im klaren Wasser tummeln.

Die alte Straße ist ziemlich holperig, rechts neben uns verläuft die Bahnlinie. Auf der „Richard-Wagner-Straße" erreichen wir die ersten Häuser von **Calmbach**. Von der Enz haben wir seither nicht viel gesehen, nicht wahr? Die Beschilderung weist nach rechts übers Bahngleis und dann geht es nach links noch vor dem Überqueren der Straße beschildert weiter.

Exotische Begegnungen am Radweg

In Calmbach mündet die Kleine Enz in die Große Enz und nur noch als einfache Enz ohne weitere Bezeichnung fließt der Fluss von hier aus weiter.

Zur Orientierung:
Nach links zum Bahnhof ist nachher die richtige Richtung für den weiteren Verlauf unseres Enztalradweges. Geradeaus weiter und dann nach links über den Bahnübergang. Hier treffen wir diejenigen wieder, die den Abstecher zum Museum eingeplant hatten.

In der kleinen Grünanlage mit Bänken können wir uns nun die Geschichte von der beherzten und mutigen Rössleswirtin vorlesen oder erzählen lassen. Sie ist am Ende dieses Kapitels ausführlich abgedruckt. Nur wenige Meter weiter finden wir übrigens an der Straße einen Brunnen zum Gedenken an diese herausragende Calmbacher Persönlichkeit.

Zum Flößer- und Heimatmuseum:
Wir radeln weiter auf der „Wildbader Straße" in den Ort hinein, überqueren dabei die Große Enz und kommen an eine Kreuzung. Nach rechts weiter auf der „Hauptstraße", jetzt sehen wir neben uns die Kleine Enz fließen. Bis zur nächsten Kreuzung. Hier auf der „Kleinenztalstraße" nach links. Dann am

Schuhgeschäft und am Flößerbrunnen nach rechts die „Calwer Straße" in Richtung Kirche hoch. Noch wenige Meter auf der „Bergstraße" nach links und wir stehen vor einem stattlichen Bau, in dessen zweiten Obergeschoss sich das Museum befindet.

Zurück können wir die „Hauptstraße" geradeaus hinunterfahren (Einbahnstraße). An der Kreuzung angelangt, können wir auch geradeaus die „Alte Höfener Straße" fahren, dann sehen wir den Zusammenfluss der beiden Flüsschen. Geradeaus weiter und dann nach links hoch und über den Bahnübergang hinweg.

Auf geteertem Weg weiter, es ist (immer noch) die „Alte Höfener Straße". Wir lassen die letzten Häusern hinter uns und strampeln im Wald auf einem Splittweg ansteigend zu einer Kreuzung mit verschiedenen Möglichkeiten. Eine Bank kommt hier wie gerufen, geradeaus abwärts auf dem wunderschön geteertem Weg genießen wir anschließend die rasante Talfahrt.

Wir kommen die „Schönklingstraße" herunter und vor uns sehen wir einen schön hergerichteten alten Bahnhof: Wir sind in **Höfen** angelangt.

Wieder wechseln wir die Seite des Bahngleises und Achtung, wir zweigen noch vor der Brücke, am „Hotel Ochsen", nach links beschildert auf den Radweg in Richtung *Neuenbürg* und *Pforzheim* ab.

Im Hotel Ochsen wurde 1955 von Horst Braune das Rezept für die berühmte Schwarzwälder Kirschtorte kreiert. Als Erfinder des süßen Naschwerkes gilt jedoch Konditormeister Josef Keller aus Radolfzell, der schon 1919 auf die Idee der besonderen Kirschtorte gekommen ist.

Nun haben wir einen hübschen Abschnitt an der Enz entlang vor uns, Enten schwimmen auf dem nun um einiges breiter gewordenen Fluss. Wer kann an den Bänken direkt am Ufer schon vorbeifahren? Die alten Steinbrücken sind liebevoll mit bunt blühenden Blumenkübeln geschmückt. Das Wasser der Enz fließt hier sehr ruhig dahin. Auf der anderen Seite sehen wir eine Kirche, die aus dem markanten roten Sandstein erbaut wurde.

Geradeaus auf dem Radweg weiter, nach links über den Bahnübergang, nach rechts eben weiter und parallel zum Bahngleis. Kurz danach kommt die versprochene Erfrischung für die Füße.

Achtung, der Einstieg in das Wassertretbecken kann manchmal ausgesprochen glitschig sein. Besser zieht man sein T-Shirt vorher aus oder hat sogar seine Badesachen im Gepäck, dann kann man nach Lust und Laune nass werden. An dieser schönen Raststelle mit etlichen Bänken wäre es wirklich zu schade, einfach vorbeizuradeln.

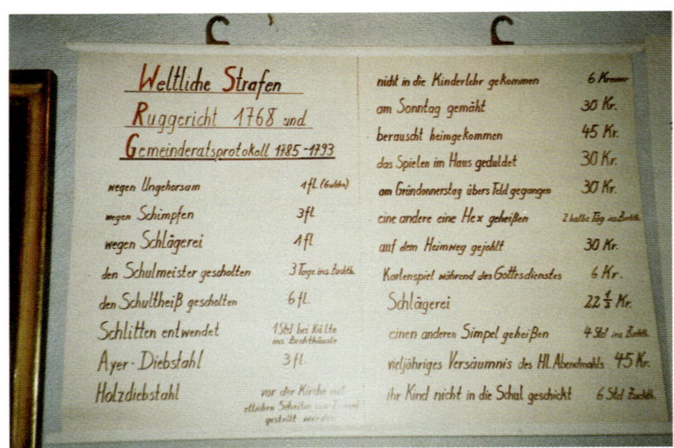

Das waren ganz schön harte Zeiten

Anschließend radeln wir erfrischt und gestärkt weiter und überqueren dann zur Ausnahme mal nicht die Enz, sondern die Eyach, einen kleinen Nebenfluss. An dieser Stelle weist uns das große Infoschild auf die nun beiden möglichen Varianten hin: Entweder direkt und eben nach Neuenbürg oder über die Nebenstrekke und ansteigend zum Besucherbergwerk?

Nebenstrecke Besucherbergwerk:
Über die Enz drüber und vor zur B 294, kurz nach links abzweigen und gleich darauf nach rechts beschildert in den Wald.
Es geht im Wald entlang und dann nach rechts aufwärts in Richtung Bergwerk. Aufwärts treffen wir in der Haarnadelkurve auf die Straße. Ein kurzes Stück noch auf der Straße entlang und der Parkplatz am Bergwerk ist erreicht. Hier gibt es eine Treppe hoch zum Stolleneingang oder wer mit den Rädern zum Eingang radeln möchte bleibt noch ein Stück auf der Straße und zweigt dann nach rechts ab.

Von der Eyachbrücke direkt nach Neuenbürg:
Vorerst nach rechts und dann nach links Richtung *Rotenbach* und dann nach rechts auf den Radweg. Leicht abwärts radeln wir auf gesplittetem Weg zu einem kleinen Brunnen, dem Gänsbrunnen: Der eigentliche Gänsbrunnen speist heute die Teiche der Fisch-

*Der Flößerbrunnen
in Calmbach*

zucht Hans Zorbel. Der Wasserverlauf ist unterirdisch. Damit der alte Namen erhalten bleibt, nennt man diesen Brunnen seit 1992 Gänsbrunnen.

Spätestens 1865 wurde dieser Brunnen während dem Eisenbahnbau gefasst und diente als Wasserversorgung für die immer durstigen Dampflokomotiven und den Bahnhof Rotenbach. Interessant ist ein Auszug aus dem württembergischen Lagerbuch von 1527 zu lesen, zuerst in der damals üblichen Schreibweise, dann in einer für uns verständlichen Übersetzung.

Wir gelangen kurz darauf zu hohen Schwarzwaldhäusern mit den typischen schindelverkleideten Fassaden, das ist jetzt **Rotenbach**. Den Radwegbeschilderungen folgend sehen wir nur wenig später eine schöne holzüberdachte Brücke. Nach rechts über die Brücke geht es zum Freibad Neuenbürg.

Rechts in Richtung Brücke finden wir einen kleinen **Streichelzoo**. Die beiden Nandus sind eindrucksvolle Tiere, farbenprächtige Vögel und andere Kleintiere wollen bewundert und vielleicht auch gefüttert werden. Das passende Futter dazu gibt es am Au-

tomaten. Auch – allerdings freilebende – Graureiher können wir hier meistens beobachten.

Dann satteln wir wieder unsere Rösser und das Etappenziel, **Neuenbürg**, ist erreicht. Das Radwegschild weist nach rechts in den „Schlösslesweg", aber wir halten uns noch wenige Meter geradeaus. Woher riecht es denn hier so lecker? Wer kennt den Geruch? Ganz genau, der süße Duft erinnert an Dörrfrüchte und kein Wunder, auf der rechten Seite sehen wir eine Tafel, auf der erklärt wird, was in der Fabrik hergestellt wird: Pektin. Und das wird aus Apfeltrester hergestellt. Den genauen Vorgang können wir in einer übersichtlichen Darstellung „Vom Apfel zum Pektin" Schritt für Schritt verfolgen.

Geradeaus weiter kommen wir bei Interesse zu einem Spielplatz. Über die Enzbrücke nach rechts hinüber kommen wir wieder zurück auf die Straße.

Achtung: Der Enztalradweg zweigt aber noch vor der Fabrik nach rechts ab auf den „Schlösslesweg" und führt nach links auf der „Wildbader Straße" zu einer Kreuzung.

Nach links auf der Straße parallel zur Enz in den Ort hinein. Auf der Einbahnstraße nach rechts gelangen wir zum „Kirchplatz". An der hübschen Brunnenanlage können wir nun entscheiden, ob wir zum Schloss Neuenbürg hinauf steigen wollen.

Werfen wir nebenher auch einen Blick auf die Sonnenuhr, die – und das ist eine Besonderheit – neben der normalen mitteleuropäischen Zeit auch die Sommerzeit anzeigt.

Zum Schloss Neuenbürg:
Für den Aufstieg stehen zwei Varianten (jeweils ohne Rad) zur Verfügung. Wir wählen den steilen Aufstieg nach rechts und mit einmal zick und einmal zack stehen wir vor dem mit zwei mächtigen Platanen geschmückten Eingang des alten Friedhofes mit der St.-Georgs-Kirche.

Unser steiler Aufstieg zweigt genau am Eingang nach rechts ab und auf dem kleinen Trampelpfad kommen wir an einem Hühner- und Pfauengehege vorbei. Der Pfad wendet sich daraufhin nach links und dann heißt es an einer Bank nach rechts über Steinstufen weiter aufwärts zu steigen.

Unser Steig mündet zum Schluss in die andere Variante ein und nach rechts durchqueren wir schon die äußere Toranlage des Schlosses. Oben nach links und durch das große Tor spazieren wir in den trapezförmigen Innenhof des Schlosses hinein. Ein Schloss-Restaurant empfängt uns, rechts können wir einen Blick in die Kellergewölbe hinabwerfen, den Eingang zum Museum finden wir in der rechten hinteren Ecke. Noch ein Tipp: Im linken Eck gibt es einen Durchgang zum Schlossgarten und zu den Toiletten.

Wahrlich nichts fürs Rad – der Fußweg zum Schloss Neuenbürg

Wieder unten bei den Rädern angelangt, gehen wir vor zur Straße. Nach rechts durchqueren wir **Neuenbürg** mit seinen schönen Häusern und beschildert mit den grün-weißen Radwegzeichen radeln wir auf der „Bahnhofstraße" nach rechts. Die Enz umfließt den Schlossberg in einer großen Schleife. Genießen wir hier nochmals das tief eingeschnittene Tal und die steil aufsteigenden Hänge. Wenige Kilometer später (bzw. bei der nächsten Etappe) werden wir erkennen, wie sich die Landschaft ganz enorm verändert. Auf einer Brücke über den Enzkanal hinüber.

Wir radeln um den Schlossberg herum und sehen dann auf der gegenüberliegenden Seite einen Park, in dem sich auch ein Spielplatz befindet. Allmählich kommen wir dann aus dem Ort hinaus. Wir haben das Etappenziel erreicht und zweigen nach links zum Hauptbahnhof von Neuenbürg ab.

Die tapfere Rössleswirtin
Vor mehr als 200 Jahren fielen wieder einmal fremde Truppen in den Nordschwarzwald ein. Auch im Enztal eroberten sie eine Ortschaft nach der anderen. Sie brannten die Häuser nie-

Die tapfere
Rössleswirtin

der und beraubten die Einwohner. Die Leute mussten froh sein, wenn sie mit dem nackten Leben davonkamen.

Es war weithin bekannt, dass in Calmbach reiche Holzhändler lebten. Durch ihren Handel mit dem Holz, das auf der Enz zu großen Flößen zusammengebunden wurde, dann über den Nekkar und Rhein bis nach Holland geflößt wurde, wo sie es teuer verkauften, waren sie zu Reichtum gekommen. Die Holzhändler hatten sich herrschaftliche Häuser bauen lassen, trugen die neueste Mode und hatten manches schöne Pferd im Stall (heute wäre es sicher ein Porsche, den gab es damals aber noch nicht).

Als die Krieger anrückten, trugen die reichen Calmbacher ihr Geld und die sonstigen Wertsachen zusammen, packten es in große Kisten und transportierten sie mit Pferdefuhrwerken in die steilen, unzugänglichen Wälder um Calmbach. Sie selbst suchten in Waldhütten und Höhlen Unterschlupf.

Wie freuten sich die Krieger schon auf große Beute, als sie in Calmbach einfielen! Wie waren sie aber erstaunt, als sie im Ort nur auf ein paar verängstigte Frauen trafen. Sie durchsuchten ein paar Herrschaftshäuser, sahen aber, dass nichts mehr zu holen war. Wütend wollten die Krieger brennende Fackeln in die Häuser werfen, um den Ort niederzubrennen. Da hielt sie ihr Hauptmann zurück: „Haltet ein, erst wollen wir sehen, ob nicht doch noch etwas Geld aufzutreiben ist."

Er schrie an dem Haus empor, in das er die Frauen hatte flüchten sehen und drohte: „Wir wissen, dass ihr genug Geld und Gold besitzt in diesem Dorf. Wenn ihr nicht bis heute Abend 20 000 Gulden bringt, dann brennen wir den ganzen Ort nieder."

Wieviel Geld die fremden Krieger verlangten, kann man erst ermessen, wenn man weiß, dass eine Kuh damals 20 Gulden kostete. Die Frauen wussten nicht, was sie machen sollten. Woher sollten sie das Geld nehmen? Die reichen Holzhändler hatten sich an geheimen Plätzen im Wald versteckt.

Nur die junge Rössleswirtin Friederika Lutz, kaum 27 Jahre alt und im ganzen Dorf wegen ihres frechen Mundwerks bekannt, wollte nicht aufgeben. „Bleibt hier bis heute Nachmittag, vielleicht habe ich dann das Geld beisammen." Die Frauen wunderten sich. Woher sollte die Wirtin das Geld bekommen? Ihre Wirtschaft war zwar immer gut besucht, aber so viel Gewinn warf sie sicher nicht ab.

Flugs sprang die Wirtin zum Hintereingang hinaus, schlich in jedes Haus und bat die Bewohner, das letzte zu geben, was sie besaßen. Alles sammelte sie in ihrer Schürze ein und als sie zum Treffpunkt zurückkam, hatte sie schon mehrere hundert Gulden gesammelt.

„Das ist zwar viel", meinte eine der Frauen, „aber es reicht nie und nimmer. Unser Dorf wird niedergebrannt werden."

Die Rössleswirtin schüttelte den Kopf. „Wir werden sehen", sagte sie. Dann lief sie wieder ungesehen aus dem Haus und den Berg hinauf in den Wald. Sie hatte nämlich, als sie die reichen Holzhändler in der letzten Zeit bedient hatte, mitbekommen, in welche Verstecke sie sich und ihre Wertsachen bringen wollten. Da sie im Dorf aufgewachsen war, kannte sie jeden Schlupfwinkel und hatte sich die Orte nach der Beschreibung der Männer gemerkt. Also lief Friederika Lutz so schnell sie nur konnte zum ersten Versteck und fand tatsächlich den ersten reichen Holzhändler. Sie redete nicht lange herum und sagte: „Wir brauchen Geld. 20 000 Gulden. Sonst brennen sie das Dorf nieder." Der Mann zögerte und wollte ihr keinen Glauben schenken. „Woher weiß ich, dass dies wahr ist, was du sagst?" „Wenn morgen von deinem Haus nur noch die Grundmauern stehen, dann wirst du sehen, dass ich wahr geredet habe. Selbst die Ärmsten haben alles gegeben," erwiderte die Rössleswirtin.

Der Mann überlegte kurz. Die Wirtin hatte ihn nie übers Ohr gehauen, also ging er mit seinem Spaten los und kam wenige Minuten später zurück. Er gab der Frau 4 000 Gulden.

„Geh auch zu den anderen", sagte er und beschrieb ihr die genauen Wege. So kam sie zu jedem der reichen Holzhändler, die ängstlich in ihren Verstecken ausharrten. Jeder gab ihr von seinem Geld, so dass sie die ganze Summe am frühen Nachmittag beisammen hatte. Den letzten reichen Mann fragte sie: „Kannst du mir nicht helfen, das Geld ins Tal zu tragen?" Er wies sie ab und so eilte die junge Frau allein mit der schweren Last in den Ort zurück.

Die Frauen jubelten. „Was ist denn los da drin?" schrie ein Soldat am Haus hinauf. Die Rössleswirtin blickte hinaus und schrie zurück, er solle seinen Anführer holen. Gleich war er zur Stelle. „Wir haben das Geld", sprach sie ganz ruhig zu dem Mann. „Zeig es mir", verlangte der Kommandant. Die Rössleswirtin nahm ein paar Münzen und warf sie dem Mann vor die Füße. „Versprichst du bei deiner Soldatenehre, dass du mit deinen Kriegern das Dorf verlässt, und nicht wiederkommst, wenn du das Geld erhältst?", fragte die Wirtin mit fester Stimme.

Der Kommandant überlegte kurz und sagte dann: „Es soll niemand sagen, dass ein Offizier wie ich sein Wort nicht hält. Wenn du uns das Geld gibst, dann verlassen wir das Dorf. Das verspreche ich." Die Rössleswirtin reichte ihm den Sack mit dem Geld und die Krieger brummten, hielten aber ihr Versprechen und trotteten langsam zum Dorf hinaus.

Bhf
Bad Wildbad
Start
Enz
L 350
Rößleswirtin-brunnen
Bhf
Calmbach
Enz
Bhf
Rastplatz mit Wassertretbecken
B 294
Enz
Rotenbach
Heimat- und Flößermuseum
Höfen
Tannmühle
Charlottenhöhe
Streichelzoo
Eisenfurt
Besucherbergwerk "Frischglück"
Schloß Neuenbürg
Schautafel Pektinherstellung
Park mit Spielplatz
Bhf
Neuenbürg
Waldrennach
L 343
L 340
Eyach
Dennach
Straubenhardt
L 399
L 565
0 Km
1
2
3

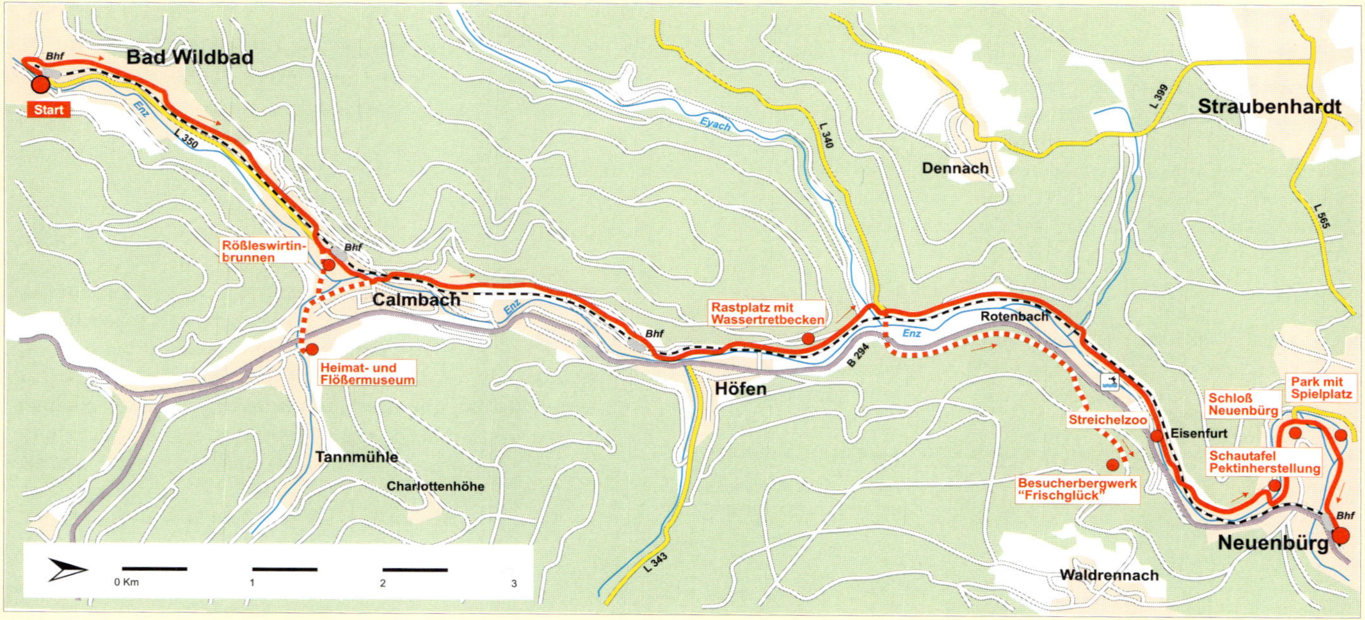

3 Zum Kohlenmunk-Peter und Holländer-Michel

Von Neuenbürg nach Pforzheim

Start:	Neuenbürg
Ziel:	Pforzheim
Länge:	14 km, 5 km mehr bis zur Jugendherberge
Verlauf:	auf fast ebenem Radweg, einmal wenige Stufen zu einem Steg hinauf
Geeignet für:	selbstradelnde Kinder ab 6 Jahren
Anfahrt:	Mit der Bahn oder dem Pkw bis Neuenbürg Hauptbahnhof
Entdecken:	Neuenbürg: Schautafel Pektin-Herstellung, Besucherbergwerk „Frischglück", Schloss Neuenbürg, Stadtmuseum Pforzheim in Brötzingen
	Pforzheim: Bootsverleih, Reuchlinhaus mit Schmuckmuseum, Technisches Museum der Schmuck- und Uhrenindustrie

Kartentipp: 1 : 50 000 LVA Baden-Württemberg Blatt 1 Karlsruhe, Pforzheim

Sehen und Erleben:

In Neuenbürg können wir zu Beginn der Tour das Schloss mit Museum und dem Märchen „Das Kalte Herz" in einem „erschrekkenden Theater in sechs Bildern" besichtigen. Vom Kirchplatz aus steigen wir zu Fuß die Schlosssteige hinauf (ausführliche Beschreibung siehe voriges Kapitel). Auf dem „Frischglück-Pfad" (3,5 Kilometer lang) kommen wir bei Interesse hinüber zum Besucherbergwerk.

In Neuenbürg erleben wir zum letzten Mal so richtig den Schwarzwald. Der typische Baustil der Häuser mit ihren Walmdächern und verschindelten Fassaden, die Buntsandsteinmauer, die als Hochwasserschutz die Enz einfasst, das tief eingeschnittene Tal mit den rechts und links ansteigenden Nadelwaldhängen – dieses vertraute Landschaftsbild hat uns seit der Quelle begleitet.

Wenn wir nun zwischen Neuenbürg und Pforzheim unterwegs sind, radeln wir an einem wirklich idyllischen Stück an der Enz entlang, ehe wir dann in das Stadtgebiet und das Zentrum von Pforzheim kommen.

Aber auch in Pforzheim gibt es für uns verschiedene interessante Möglichkeiten für Unternehmungen: auf der Enz Tretboot fahren, eines der erlebnisreichen Museen der Stadt besichtigen oder wir können auf den Spielplätzen im Enzauenpark (die werden im nächsten Kapitel ausführlich beschrieben) den Tag ausklingen lassen.

In Pforzheim-Dillweißenstein, oberhalb des Nagoldbades, liegt die einzige Jugendherberge des Enztalradweges. Wir haben hier die Möglichkeit, zu familiengerechten Preisen in komfortablen Zimmern zu übernachten (allerdings ist eine Mitgliedschaft im Jugendherbergswerk erforderlich). Besonders eindrucksvoll ist, dass sich die Jugendherberge in der ehemaligen Burg Rabeneck befindet. Deshalb – Burgen wurden nun mal auf Bergspornen errichtet – steht uns zum Schluss ein kurzer steiler Anstieg bevor, aber die Anstrengung lohnt sich!

Stadtverwaltung Neuenbürg
Rathausstraße 2, 75305 Neuenbürg
Auskunft: Telefon 0 70 82/79 10-0
        Telefon 0 70 82/79 10-65
Internet: www.neuenbuerg.de

Gemeindeverwaltung Birkenfeld
Marktplatz 6, 75217 Birkenfeld
Auskunft: Telefon 0 72 31/48 86-0
        Telefon 0 72 31/48 86-40
e-Mail: gemeinde@birkenfeld-enzkreis.de
Internet: www.neuenbuerg.de

Touristik-Information Pforzheim
Marktplatz 1, 75175 Pforzheim
Auskunft: Telefon 0 72 31/1 45 45-60
        Telefon 0 72 31/1 45 45-70
Internet: www.pforzheim.de

Stadtmuseum Pforzheim in Brötzingen
Geöffnet: dienstags, mittwochs
        und donnerstags   14.00 – 17.00 Uhr
        sonn- und feiertags   10.00 – 17.00 Uhr
        Gruppen und Vereine auch
        werktags nach Vereinbarung
Eintritt: frei
Auskünfte: Telefon 0 72 31/39 21 26

Technisches Museum der Schmuck- und Uhrenindustrie
Geöffnet: mittwochs   9.00 – 12.00 Uhr
          und   15.00 – 18.00 Uhr
          jeden zweiten und vierten
          Sonntag im Monat   10.00 – 17.00 Uhr
          Gruppen nach Absprache
Eintritt: frei
Auskunft: Telefon 0 72 31/39 28 69

Jugendherberge Pforzheim in Dillweißenstein
Burg Rabeneck
Kräheneckstraße 4, 75180 Pforzheim

Auskunft: Telefon 0 72 31/97 26 60
          Telefax 0 72 31/97 26 61

Bootspick
Geöffnet: täglich   11.00 – 20.30 Uhr
Eintritt: Erwachsene 30 Minuten   EUR 2,50
          Kinder (bis 12 J.)   EUR 0,50
Auskunft: Telefon 0 72 31/42 73 40

Die Tour:
In die Ortsmitte und zum Schloss Neuenbürg halten wir uns auf der Straße nach rechts. Die Straße zieht sich um den Schlossberg herum. Der Aufstieg zum Schloss Neuenbürg startet hinter der Kirche am Kirchplatz, ausführliche Beschreibung siehe voriges Kapitel.

Gleich in Richtung Pforzheim:
Vom Bahnhof zur Straße hinab. Nach links verlassen wir das hübsche Städtchen Neuenbürg, den Radwegschildern folgend geht es ein kurzes Stück auf der Straße entlang. Dann zweigen wir auf dem Enztalradweg nach links in Richtung *Städtische Kläranlage* und *Pforzheim* vor der großen Brücke ab. Achtung, nur wenig später müssen wir vor der Kläranlage auf den schmalen Weg nach links hinauf abzweigen!

Auf separatem Weg und mit einer Leitplanke mit Geländer deutlich von der Straße getrennt strampeln wir neben der B 294. Das *Enztalradweg-Schild* weist bei Engelsbrand nach rechts über die Brücke, wir halten uns dagegen geradeaus und bleiben noch ein paar Meter auf dem Gehweg an der Straße entlang. Nur noch wenige Meter weiter und dann zweigen wir bei der Bushaltestelle nach rechts parallel hinunter auf einen separaten Weg ab.

Darauf entlang weiter, jetzt ist es nach dem Grau der Straße ganz grün um uns herum, wenig später erwartet uns dann nach links hoch eine Mini-Steigung. Auf einem ganz kleinen Pfad nach rechts erreichen wir einen Steg über die Enz. Wir müssen ein paar wenige Stufen überwinden und dann geht's über den Metallsteg hinüber. Nach links im Wald ruhig weiter und flussabwärts mit der Enz sind wir wieder auf dem regulären Enztalradweg. Auf diesem Abschnitt erleben wir Idylle pur. Das Licht fällt in schönen Strahlen durch den Wald, das Wasser springt munter über die Steine und wir sind mittendrin in diesem Naturschauspiel. Von rechts her fließt ein schöner Seitenbach, hier bietet es sich an, eine Pause einzulegen, um am oder im Wasser zu spielen.

Weiter zieht sich der Weg durch den angenehmen Schatten des Waldes. Dann erreichen wir Häuser, bezeichnet nach links in Richtung *Pforzheim* und *Birkenfeld* radeln wir auf dem „Waldmeisterweg". Gleich darauf wieder rechts und der Straße

Idyllischer Abschnitt
an der Enz

folgen, dann aber geradeaus dem *Fahrrad-Hinweisschild* „Alle Richtungen" nach.

Geradeaus sind wir auf dem „Herrenstrietweg", müssen dann nach links über die Brücke und nach rechts weiter. Wir sind zwischen dem Industriegebiet von Birkenfeld und der Enz unterwegs. Rechts rauscht das Wasser der Enz über große Blocksteine hinab. Das Tal ist nun breiter geworden, den Schwarzwald haben wir hinter uns gelassen. Das hier ist nun eine ganz andere Landschaft, das sieht man deutlich, nicht wahr? Die Enz ist breit geworden, schöne Wiesen säumen das Flussufer und geradeaus neben der Straße geht der Radweg auf dem Hochwasserdamm weiter, immer in Richtung *Zentrum* und *Brötzingen*.

Dann rechts den Damm hinunter, der seither gesplittete Weg ist nun wieder geteert. Unter der ersten Brücke durch und immer mit dem Fluss im Blickfeld weiter.

Zum Stadtmuseum Pforzheim in Brötzingen:
Am Messplatz bei den ersten Häusern nach links über die Ampel, auf der „Habermehlstraße" kurz nach links, rechts abzweigen auf den Radweg in Richtung *Brötzingen*. Neben uns fließt

ein kleiner Bachlauf, wir sind hier zwischen Gärten und dem Bach unterwegs.

Auf der „Pelikanstraße" weiter und an dem Steinmäuerchen auf der rechten Seite nach rechts hoch, an der Treppe mit Rampe schieben wir kurz unsere Räder und erreichen aufwärts zuerst das Museum der Landsmannschaften, dann das Figurentheater Mottenkäfig und oben rechts haben wir das Stadtmuseum Pforzheim erreicht. Das Museum ist im alten Brötzinger Schulhaus untergebracht, erbaut im Jahre 1854, seit 1979 ist es Heimatmuseum.

Stadtmuseum Pforzheim (in Brötzingen):
Im Stadtmuseum können wir die Werkzeuge der unterschiedlichen Handwerksberufe anschauen und anhand von Bildern und Fotos einen lebendigen Eindruck von der harten und vielfältigen Arbeit der Gerber, Flößer, Schuster, Weber usw. bekommen. Viele alte Handwerksberufe verdeutlichen die Verbundenheit mit dem Wasser und dem Wald. Mit dem Wasser hat Pforzheim ja viel zu tun, denn drei Flüsse kommen hier zusammen: Die Würm, die Nagold und die Enz.

Die alten Wasserleitungen in einem Nebengebäude sollten wir uns genau ansehen. Die sogenannten Teichel wurden nämlich mit einem Bohrer von Hand ausgebohrt. Ein Kräutergarten, das erste Fahrzeug des Herrn Benz und manche Entdeckung mehr gelingen uns in diesem Museum.

Wir radeln abwärts auf der gleichen Straße, die wir hochgekommen sind, aber noch weiter bergab, bis nach links die „Bäznerstraße" abzweigt. Hier links und in der Spielzone sind wir wieder auf dem Radweg Richtung *Zentrum*. Vor uns liegt ein hübscher Teich mit einem Spielplatz. Weiter auf dem Radweg nach links in Richtung Zentrum und zurück auf den Enztalradweg.

Weiter auf dem Enztalradweg:
Vom Messplatz geradeaus an der Enz entlang weiter, auf der linken Seite sehen wir einen schönen Spielplatz. Vor der nächsten Straßenüberquerung zweigen wir nach rechts auf die Radweg-Unterführung ab und können ganz bequem unten durch radeln – allerdings geht es dahinter die kleine Steigung wieder hinauf.

Geradeaus weiter in der Einbahnstraße entgegen der Fahrtrichtung, der Zusatz „Radfahrer frei" auf dem Verkehrsschild erlaubt dieses Vorgehen. Bei der nächsten Brücke gibt es wieder eine praktische Radfahrer-Unterführung.

Geradeaus in Richtung *Mühlacker, Nagoldtal, Würmtal, Stadttheater* und *Stadthalle* haben wir nun bald das **Zentrum** von **Pforzheim** erreicht.

Bootsfahrt auf der Enz in Pforzheim

Bei der Rossbrücke müssen wir ausnahmsweise obendrüber und nach wie vor radeln wir geradeaus weiter, wieder „für Radfahrer frei". Neben uns fließt die Enz, wir sehen den Turm der Stadtkirche und – je nach Wetter und Jahreszeit – die ersten Tretbootfahrer. Gleich darauf haben wir den **Bootspick** mit Bootsverleih erreicht.

Auf dem Platz fällt uns ein aufragender Mauerrest auf. Er ist Teil der Südmauer des ehemaligen Landeswaisenhauses, und das war in noch früherer Zeit ein Dominikanerinnenkloster, am 23. Februar 1945 wurde es zerstört.

Zum Bahnhof in Pforzheim:
Wer zum Bahnhof möchte, muss sich nach links halten und kommt leicht ansteigend zum gewünschten Ziel.

Zur Jugendherberge Pforzheim in Dillweißenstein und zu den Museen:
An der Stadtkirche überqueren wir auf dem „Nonnenmühlsteg" die Enz. Vier Beifall klatschende Herren („Die Claque" von Guido Messer) säumen den Weg. Links gibt es einen spitz zu-

laufenden Spielplatz, wir sind an der Mündung der Nagold in die Enz. Neben der Nagold geht nun unser Weg nach rechts weiter auf der „Nagoldstraße" zwischen Fluss und Häusern. Immer wieder verlocken auf diesem Abschnitt einzelne Spielgeräte zu Aufenthalten. Unter der Werderbrücke auf dem Radweg in Richtung *Dillweißenstein* durch und in den **Stadtgarten**. Nach rechts kommen wir zum Reuchlinhaus.

Reuchlinhaus:
Wer Freude an besonderen Schmuckstücken hat, sollte das **Schmuckmuseum** im Reuchlinhaus besuchen. Hier können wir aus der Nähe betrachten, was man mit Gold alles anfertigen kann. Prachtvolle Ausstellungsstücke erwarten uns hier, die alle sehr fein gearbeitet wurden. Mehr als 1 000 Schmuckstücke aus vier Jahrtausenden zeigen die Entwicklung des Schmucks von der Vergangenheit bis zur Gegenwart.

Geradeaus durch den Stadtgarten weiter, an einem Spielplatz und einer Fontäne vorbei. Durch einen Kanal rauscht Wasser von der Nagold zur Enz. Rechts steht ein auffallendes Taubenhaus und nach rechts müssen wir uns halten, wenn wir das Technische Museum der Schmuck- und Uhrenindustrie erkunden wollen. Geradeaus in der „Schießhausstraße" und dann nach rechts in der „Bleichstraße", so kommen wir zum Eingang am Eck.

Technisches Museum der Schmuck- und Uhrenindustrie:
Auf zwei Stockwerken erleben wir hautnah die Vorbereitung des Edelmetalls zur Schmuckbearbeitung, die mechanische Produktion von Goldketten, die Präzisionsarbeit bei der Uhrenherstellung, sehen die Arbeitsplätze der Goldschmiede und vieles mehr.

Für Schmuckketten gibt es viele Formen, das wissen wir. Dem fabrikmäßigen Ablauf der Fertigung zuzusehen, ist faszinierend. Um 1930 konnten so schon zwölf Meter Goldkette je Stunde hergestellt werden.

Edelsteine gewinnen durch einen Schliff besondere Leuchtkraft. In der Schleiferei können wir dies genau beobachten. Dabei gibt es Unterschiede, je nachdem, wie viele kleine Flächen – Facetten – am Stein geschaffen werden. Es gibt einfache Schliffe mit vier oder acht Flächen. Aufwendiger ist dann schon ein Schliff mit 16 oder 32 Facetten, steigt die Anzahl auf 56, dann spricht man von einem Diamantschliff.

Immer an der Nagold entlang auf dem Radweg weiter, über die Straße geradeaus hinüber und weiter Richtung *Dillweißenstein*.

Ein Abstecher ins Museum ist lehrreich und macht Spaß

Angenehm schattig im Wald geht es weiter, dann radeln wir durch eine Aue. Hier am gegenüberliegenden Kupferhammer ist die Mündung der Würm in die Nagold. An Tennisplätzen vorbei und dann heißt es aufpassen: Wir sehen einen Steg und müssen schon rechtzeitig vorher zurückschalten, denn gleich nach der Unterquerung des Steges müssen wir nach rechts unerwarteterweise ansteigend hoch. Über den Steg hinüber, an einem Spielplatz vorbei und auf der anderen Nagoldseite zwischen Häusern und dem Fluss weiter. Über die Fußgängerampel, geradeaus weiter mit der Beschilderung *Weissenstein* und *Nagoldbad*.

Immer am Bach entlang sanft ansteigend, dann nochmals die Flussseite wechseln und auf der anderen Seite im Wald weiter. Es folgt ein kurzer zackiger Anstieg und oben nach links und gleich nochmals nach links zum Eingang ist die moderne Jugendherberge in der ehemaligen Burg Rabeneck erreicht.

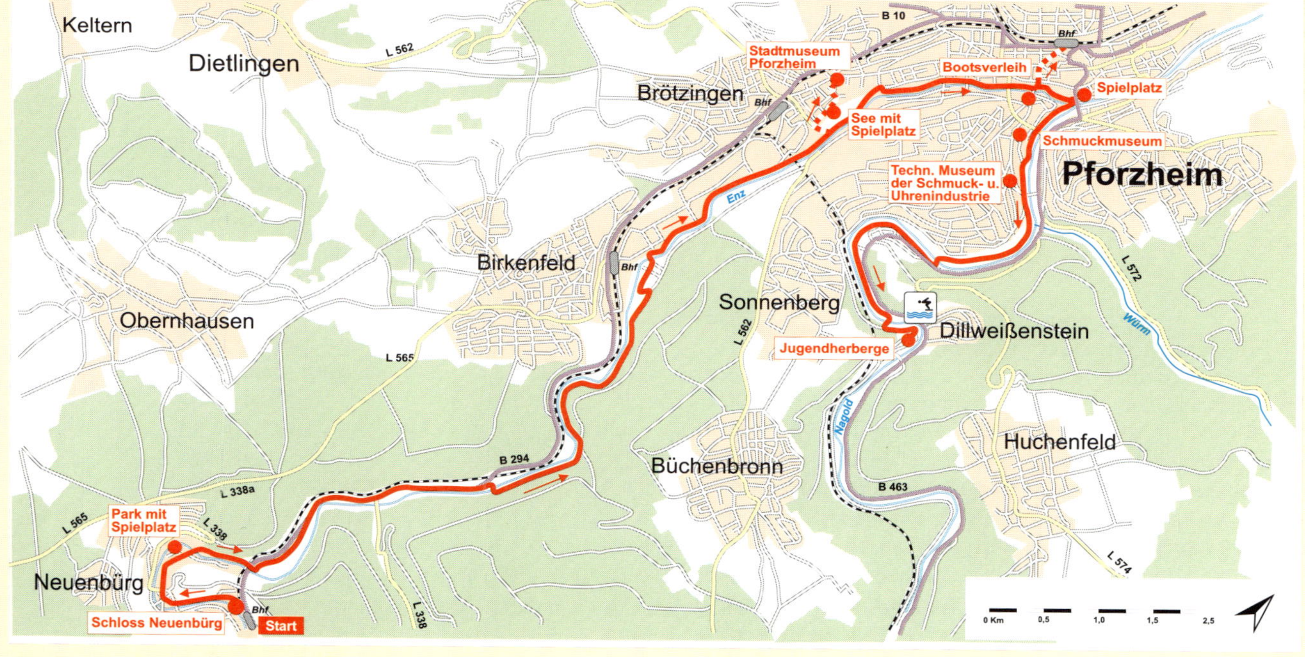

Keltern
Dietlingen
Brötzingen
Stadtmuseum Pforzheim
Bootsverleih
Spielplatz
See mit Spielplatz
Schmuckmuseum
Techn. Museum der Schmuck- u. Uhrenindustrie
Pforzheim
B 10
Bhf
L 562
Enz
Birkenfeld
Bhf
Sonnenberg
L 562
Dillweißenstein
Jugendherberge
Würm
Obernhausen
L 565
Nagold
Huchenfeld
L 572
B 294
Büchenbronn
B 463
L 338a
Park mit Spielplatz
L 565
L 338
Neuenbürg
Schloss Neuenbürg
Start
Bhf
L 338
L 574
0 Km   0,5   1,0   1,5   2,5

Froh zu sein bedarf es wenig …

Von Pforzheim nach Mühlacker

Start:	Pforzheim
Ziel:	Mühlacker
Länge:	14 km, 5 km mehr von der Jugendherberge Pforzheim
Verlauf:	auf ebenem Radweg
Geeignet für:	selbstradelnde Kinder ab 6 Jahren
Anfahrt:	Mit der Bahn oder dem Pkw bis Pforzheim
Entdecken:	Pforzheim: Schmuckmuseum im Reuchlinhaus, Technisches Museum der Schmuck- und Uhrenindustrie, Museum Kappelhof, Enzauenpark mit Spielplätzen Mühlacker: Heimatmuseum
Kartentipp:	1 : 50 000 LVA Baden-Württemberg Blatt 29 Naturpark Stromberg-Heuchelberg

Sehen und Erleben:

Die Etappe von Pforzheim nach Mühlacker bietet gleich zu Beginn viel Abwechslung. Die Museen in Pforzheim lassen ganz verschiedene Berufe und Tätigkeiten vor unserem Auge lebendig werden (siehe voriges Kapitel).

Der Enzauenpark, den wir bei dieser Radtour durchqueren, bietet mit seinem „trockenen" und „nassen" Spielplatz ein bemerkenswert interessantes Betätigungsfeld.

Zum ersten Mal erleben wir beim Enztalradweg auch längere sonnige Abschnitte über Felder und Wiesen. Bei den letzten Etappen war das Verhältnis eher andersherum: Wir radelten mehr im Schatten des Waldes als in der Sonne.

Tourist-Information Pforzheim
Marktplatz 1, 75175 Pforzheim

Auskunft:	Telefon 0 72 31/1 45 45-60
	Telefax 0 72 31/1 45 45-70
e-Mail:	stadtinformation-pforzheim@t-online.de
Internet:	www.pforzheim.de

Archäologischer Schauplatz Kappelhof Pforzheim

Geöffnet:	sonntags 11.00 – 17.00 Uhr
Eintritt:	frei
Auskunft:	Telefon 0 72 31/39 20 79

Gemeinde Niefern-Öschelbronn

Friedenstraße 11, 75223 Niefern-Öschelbronn

Auskunft:	Telefon 0 72 33/96 22-0
	Telefax 0 72 33/15 02
e-Mail:	gemeinde@niefern-oeschelbronn.de
Internet:	www.niefern-oeschelbronn.de

Stadt Mühlacker

Kelterplatz 7, 75417 Mühlacker

Auskunft:	Telefon 0 70 41/8 76-10
	Telefax 0 70 41/8 76-3 21
e-Mail:	stadt@muehlacker.de
Internet:	www.muehlacker.de

Heimatmuseum Mühlacker

Kelterplatz 5

Geöffnet:	sonntags 11.00 – 17.00 Uhr
Eintritt:	frei
Auskünfte:	Telefon 0 70 41/87 63 25
	Führungen für Schulklassen und Gruppen jederzeit nach Vereinbarung möglich.

Die Tour:

Wer von der Jugendherberge Pforzheim in Dillweißenstein aus startet, radelt an der Nagold entlang auf bekanntem Weg zurück bis zur Stadtkirche und hält sich dann nach rechts in Richtung Mühlacker auf dem beschilderten Enztalradweg.

Vom Bahnhof Pforzheim kommend, hält man sich auf der Straße abwärts und radelt bis zur Enz hinab. Vor dem Fluss bzw. an der Brücke wendet man sich nach links auf den markierten Radweg.

An den vier klatschenden Herren („Die Claque" von Guido Messer) bei der **Stadtkirche** startet die nächste Etappe. Den Spielplatz gegenüber kennen wir schon von der letzten Radtour. Nun geht es geradeaus Richtung *Mühlacker*.

Über die nächste Straße geradeaus hinüber, auf dem Radweg geradeaus weiter. Von der nächsten Fußgänger-Radlerbrücke aus (kurzer Abstecher nach rechts) können wir die Mündung der

Nagold in die Enz betrachten. Von links her fließt die Nagold, in die nur wenig vorher die Würm gemündet ist, daher sieht der Fluss so breit aus. Von rechts her kommt die Enz und in der Mitte erhebt sich die Stadtkirche mit ihrem markanten Turm.

Ein großes Taubenhaus fällt am Radweg auf, an einzelnen Spielgeräten rollen wir vorbei, ganz interessant ist auch der Baumlehrpfad. Im Vorbeiradeln sehen wir die Erläuterungen zu wirklich ausgefallenen Sorten wie Sandbirke oder Wildbirne.

Wir kommen über die nächste Straße und vor uns erhebt sich eine Kirche. Geradeaus auf der „Abnobastraße", einem gesplitteten Weg, bemerken wir schräg eingelassene Platten auf dem Boden. Diese Stelle hat eine besondere Bedeutung, denn ihr hat man die Gründung Pforzheims zu verdanken. Genau hier befand sich nämlich eine militärische Straße und eine Furt, also ein flacher Übergang durch die Enz, die schon in römischer Zeit benutzt wurde. Aus diesem „Portus" entstand dann Pforzheim. Weitere archäologische Ausgrabungen findet man im nahegelegenen **Museum „Kappelhof"**. (Vor der Kirche nach links, rechts weiter und ganz hinten an dem Gebäude auf der linken Seite).

Wassersport auf der Enz

Dann immer geradeaus am Ufer der Enz weiter, mit der Wegbezeichnung „Hoyerswerda-Ufer". Wir kommen zum **Enzauenpark** und sehen zwei rote Stangen in den Himmel ragen. Wir sind auf dem Vicenzaplatz und die zwei hohen roten Stahlrohre stellen den „Stand der Dinge" dar. Sie sind immerhin 30 Meter hoch und stehen 5 Grad schief. Die italienische Stadt Vicenza – auch eine Goldstadt – ist seit 1991 Partnerstadt Pforzheims.

Geradeaus kommen wir zum **Gärtnersteg** und überqueren die Enz. Nach links weiter erleben wir die ersten „trockenen" Spiel-, Turn- und Klettergeräte, die muss man einfach ausprobieren!

„Ob aus der Leitung kein Trinkwasser mehr kommt oder ob der Fluss das Wohnzimmer überflutet, Wasser kann Menschen ganz schön in Schwierigkeiten bringen."

Diese Aussage verdeutlicht die Bedeutung der Wasserstandsmessungen. Wir kommen an einer Tafel vorbei, auf der wir die Wassermengen nachlesen können, die die Enz so runterrauschen. Zwischen 1,6 und 419 Kubikmeter pro Sekunde ist alles schon dagewesen! Dass dieses kleine Flüsschen neben uns auch ganz anders aussehen kann, können wir uns das vorstellen? Am Steg am Wasserwerk geht es vorbei und dann ist das nasse Vergnügen im Enzauenpark erreicht. Viele von Kinderhand zu

Der Enzauenpark aus der Luft …

bedienende Geräte, Schleusen, Schöpf- und Ziehbrunnen eröffnen auf dem Wasserspielplatz vielfältige Möglichkeiten, sich zu beschäftigen. Daher ist er auch mit vielen Bänken für die Großen bestückt, Toiletten hat es auch dabei.

Weiter radeln wir durch den Park auf dem Weg, dann nach rechts und Achtung: unter der Brücke kommt überraschenderweise ein Stück Kopfsteinpflaster. Nach links unter der Straße durch und nach links über den „Eutinger Waagsteg". Sehr schön spiegelt sich die gegenüberliegende Häuserzeile von Eutingen im Fluss, breit und ruhig liegt das Wasser da. Wer weiß, vielleicht sehen wir freilebende Nutrias oder zumindest Schwäne oder Enten. Nutrias können wir – falls es hier nichts wird – auch in Bietigheim erleben. Die 1991 erbaute Spannbandbrücke hat als tragende Elemente zwei Stahlbänder, die Spannweite beträgt 50 Meter und die Brücke schwankt spürbar.

    Nach dem Steg rechts weiter, links ein Spielplatz und wenig später links eine Sonnenuhr, die die Mitteleuropäische Zeit anzeigt, jedoch nicht die Sommerzeit.

... und vom Boden aus gesehen

Auf Tafeln des im Jahr 2000 vom Angelsportverein Eutingen angelegten Fischlehrpfades können wir uns informieren, welche Fische sich in der Enz tummeln und wie sich z. B. Rotfeder und Rotauge unterscheiden.

Über die „Bürgermeister-Zorn-Brücke" über die Enz nach rechts und nach links auf dem „Rattachweg", Richtung *Vereins-heim* und *Sportplätze* weiter.

Zwischen Kleingärten auf dem geteertem Weg zu radeln ist eine angenehme Abwechslung, da blüht, wächst und gedeiht es üppig ringsum. Dann nach links am Sportplatz vorbei und links auf geteertem Weg an Wiesen vorbei weiter. Wir strampeln unter der Autobahn durch und mit großer Wahrscheinlichkeit sieht man auf dem folgenden Abschnitt Fischreiher in der Wiese.

Wir erreichen **Niefern-Öschelbronn** und unser Radweg mündet in die Straße. An der Straße machen wir nur einen kleinen Linksschwenk und halten uns markiert gleich auf der „Bohnenberger Straße" nach rechts, an der *Kirnbachhalle* vorbei und in Richtung *Hallen-* und *Freibad*.

Geradeaus auf einem Stück neu angelegten Radweg weiter, dann nach links zum Vereinsheim der Kleintierzüchter. Links sehen wir nun die ersten Weinberge! Ja, die Landschaft ändert sich so ganz unauffällig, von Neuenbürg, das man noch dem

Diese Uhren gehen im Sommer immer verkehrt – warum?

Schwarzwald zurechnen kann bis hierher, bis zu den ersten Weinbergen, sind kaum 20 Kilometer vergangen.

Über einen Steg nach links auf dem gut markierten Enztalradweg weiter. Durch die Unterführung der Straße und weiter auf geteertem Weg, an Tennisplätzen vorbei, links die Häuser gehören zu **Enzberg**.

Der Radwegbeschilderung in Richtung *Vaihingen/Enz, Mühlacker* nach links über die Brücke und nach rechts weiter. Bei der Abschrankung kommen wir als Radler gut durch und auf der Straße geradeaus weiter. Wie auf einer Autobahn kommen wir uns hier vor.

Vor uns tauchen an der Straße Fahrradverbotsschilder auf, aber auf der Bundesstraße wollen wir auch gar nicht fahren, vorher zweigt unser Radweg nach rechts auf die „Bergstraße" ab in Richtung *Mühlacker*.

Daraufhin beschildert auf dem Enztalradweg nach links weiter, am Umspannwerk vorbei und dann geradeaus über Felder. Vor uns sehen wir schon Mühlacker.

Auf der linken Seite fallen große Felsabbrüche auf, das Gelände gehört zu einem Steinbruch. Eine 90-Grad-Kurve nach rechts und

wir nähern uns mal wieder der Enz. Genießen wir den Anblick des gemächlich und schön breit dahinziehenden Flusses, denn wenig später wendet sich der Radweg schon wieder weg vom Wasser.

An Feldern vorbei radeln wir durch das breite Tal. Bei den Sportanlagen wenden wir uns – entgegen der Radwegemarkierung, die geradeaus weiterweist! – nach rechts (der Radweg weist nur wenig später ebenfalls nach rechts), fahren auf einen Steg mit blauem Geländer zu und kommen wieder zur Enz hin. Nach links direkt am Ufer der Flusses weiter haben wir zum Schluss nochmals einen schönen Abschnitt am Wasser entlang. Aufmerksame Beobachter können Fische in verschiedenen Größen im Wasser entdecken.

Über den kleinen Erlenbach hinüber gelangen wir in eine hübsche Anlage und müssen uns entscheiden. Wollen wir zuerst noch nach rechts in Richtung Vaihingen/Enz, Lomersheim zu einem Spielplatz oder gleich nach links auf dem Radfahrersteg über die B 10 in die Stadtmitte von Mühlacker?

Zum Bahnhof und zur Stadtmitte mit Fußgängerzone radeln wir über den radfahrerfreundlichen Steg hinüber und schon sind wir mitten im Herzen von **Mühlacker**. Vom Kelterplatz, auf dem wir nun stehen, sind es nur wenige Meter nach rechts zum **Heimatmuseum**. In der Fußgängerzone nach links schließt sich der Konrad-Adenauer-Platz an, nach rechts und immer geradeaus aufwärts erreichen wir den Bahnhof Mühlacker.

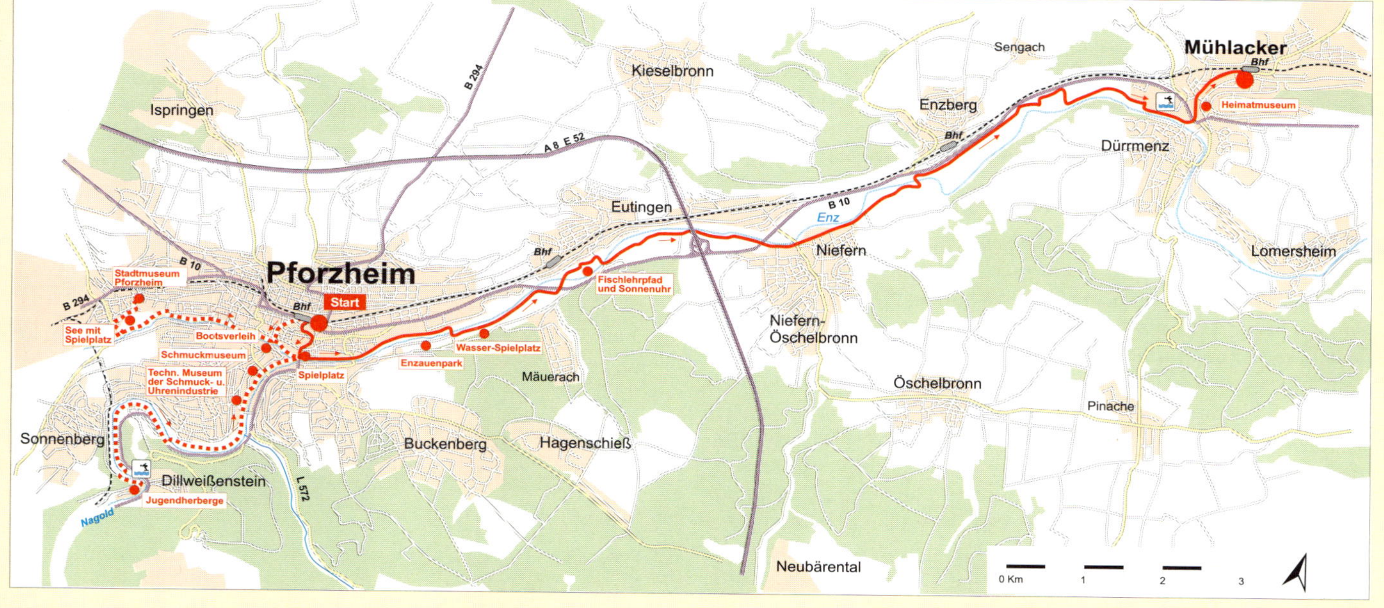

Mühlacker
Bhf
Sengach
Kieselbronn
Enzberg
Heimatmuseum
Dürrmenz
B 294
Ispringen
A 8 E 52
Lomersheim
Bhf
Eutingen
B 10
Enz
Niefern
Stadtmuseum
Pforzheim
B 10
Pforzheim
Bhf
Start
Fischlehrpfad
und Sonnenuhr
B 294
Niefern-
Öschelbronn
See mit
Spielplatz
Bootsverleih
Wasser-Spielplatz
Schmuckmuseum
Enzauenpark
Techn. Museum
der Schmuck- u.
Uhrenindustrie
Spielplatz
Mäuerach
Öschelbronn
Sonnenberg
Buckenberg
Hagenschieß
Pinache
Dillweißenstein
L 572
Jugendherberge
Nagold
Neubärental
0 Km   1   2   3

Start:	Bahnhof Mühlacker
Ziel:	Bahnhof Vaihingen
Länge:	19 km
Verlauf:	auf ebenem Radweg, zum Schluss in Richtung Bahnhof Vaihingen ansteigend
Geeignet für:	selbstradelnde Kinder ab 6 Jahren
Anfahrt:	Mit der Bahn bis Mühlacker
Entdecken:	Heimatmuseum und Spielplatz in Mühlacker, Bonbon-Museum in Kleinglattbach
Kartentipp:	1 : 50 000 LVA Baden-Württemberg Blatt 29 Naturpark Stromberg-Heuchelberg

Sehen und Erleben:

Mühlacker und Mühlhausen liegen bei dieser Radtour an unserer Strecke. Wer sich die beiden Ortschaftsnamen auf der Zunge zergehen lässt bzw. mit den Ohren genau hinhört, dem fällt auf, dass die „Mühlen" ganz deutlich zum Vorschein treten. Hier am Fluss standen also jede Menge Mühlen, seien es Getreide-, Säg- oder Ölmühlen. Die Kraft des fließenden Wassers war kostenlos – es flatterte damals also niemanden eine hohe Stromrechnung ins Haus – und mit Hilfe von großen hölzernen Wasserrädern und aufeinander abgestimmten ledernen Transmissionsriemen wurde der Antrieb für vielerlei verschiedene Tätigkeiten genutzt. Klar, dass das nicht ganz leise vor sich ging, da ratterte, dröhnte, klopfte und polterte es gewaltig.

Auf dem Abschnitt zwischen Mühlacker und Vaihingen macht die Enz einige große Schleifen. Eine besonders schöne erleben wir nach dem Ort Mühlhausen. Unterhalb von Felsen und den steilen Weinberghängen radeln wir auf einem idyllischen Wegstück neben der Enz dahin. Falls wir uns wundern, warum die Enz so wenig Wasser führt, hier kommt die Erläuterung:

Noch vor Mühlhausen zweigt auf der rechten Seite von der Enz ein unterirdischer Kanal ab. Hier liegen die beiden Seiten der Flussschleife so nahe beieinander, dass man nur eine relativ kurze Verbindung schaffen musste. Mit dem Höhenunterschied, den das Wasser auf natürliche Art und Weise zurücklegt, lässt sich im Kraftwerk auf der anderen Seite Strom erzeugen: Das ist die moderne Nutzung der Wasserkraft.

Der Enztalradweg führt zwischen Mühlacker und Vaihingen viel über freie Feldflächen, auch merkt man deutlich, dass der Fluss längst nicht mehr so viel Gefälle wie im Schwarzwald hat. Was bedeutet das ganz praktisch für uns? Es geht nun nicht mehr so deutlich spürbar abwärts, jetzt müssen wir mehr selber strampeln.

Der lohnende Abstecher zum Bonbon-Museum in Kleinglattbach, das zwar ein klein wenig abseits des Radweges liegt, aber Kindern (und sicher auch manchem Erwachsenen) wie ein Besuch im Schlaraffenland vorkommt, wird im nächsten Kapitel ausführlich vorgestellt.

Stadt Mühlacker
Kelterplatz 7, 75417 Mühlacker
Auskunft: Telefon 0 70 41/8 76-10
             Telefax 0 70 41/8 76-3 21
e-Mail: stadt@muehlacker.de
Internet: www.muehlacker.de

Stadt Vaihingen/Enz
Marktplatz 4, 71665 Vaihingen/Enz
Auskunft: Telefon 0 70 42/18-2 29
e-Mail: fremdenverkehr@vaihingen.de
Internet: www.vaihingen.de

Himmelbett mit Babywiege im Heimatmuseum Mühlacker

Die Tour:

Vom Bahnhof Mühlacker radeln wir nach rechts hinunter und rollen dann – geradeaus von der Straße abzweigend – beschildert in die Fußgängerzone hinein. Wir kommen zum „Konrad-Adenauer-Platz" und nach links zum „Kelterplatz". Geradeaus sehen wir den großen Bau, in dem das **Heimatmuseum** untergebracht ist. Rechts ist das Rathaus und hier folgen wir den *weiß-grünen Radhinweisschildern* nach rechts auf dem Steg über die B 10.

Nach dem Steg nach links hinunter, am Jugendhaus und Jugendmusikschule halten wir uns daraufhin nach rechts. Rechts ist ein Spielplatz und geradeaus überqueren wir auf dem Radfahrer- Fußgängersteg die Enz. Nach links geht's neben der Enz weiter auf dem Radweg in Richtung *Vaihingen*. Links sehen wir hoch aufragende Felsen und die Mauerreste der Ruine Löffelstelz.

Wir gelangen nach Dürrmenz und an die nächste Straßenkreuzung, in Richtung *Vaihingen/Enz, Enztal* fahren wir geradeaus. An der Straße entlang geht's nun auf einem holperigen Gehweg weiter, dann zweigen wir nach etwa knapp einem Kilometer nach links auf den markierten und beschilderten „Bodenrainweg" ab. Wir nähern uns wieder der Enz und angenehm im Schatten

Was für ein Unterschied zum Schwarzwald!

radeln wir oberhalb des Flusses dahin. Unter uns beobachten wir das Wasser, das ruhig dahinfließt. An der Gabelung, ganz klar, bleiben wir links. Der Radweg weist auf diesem Abschnitt richtige „Wellen" auf, mal geht es ein klein wenig hoch, dann wieder hinunter.

Über Felder strampeln wir weiter, darauf nochmals etwas ansteigend und dann sehen wir **Lomersheim**, die nächste Ortschaft, zweigen allerdings noch vor den ersten Häusern nach links beschildert den Hang hinunter ab.

Wir nähern uns wieder der Enz und radeln auf dem Damm parallel zum Fluss. Auf dem sonnigen Teilstück zwischen Feldern und Wiesen kommen wir an gut duftenden Tannenbaumschonungen vorbei. Daraufhin heißt es, sich nach links abwärts zu wenden und auf einem Steg überqueren wir – ja welcher Fluss ist das wohl?

Sodann entfernen wir uns von der Enz ein wenig und radeln wieder über Felder und Wiesen. Vor uns sehen wir die Häuser und den Kirchturm von **Mühlhausen**. Auch die klein parzellierten Weinberge, die sich steil den Hang hochziehen, fallen ins Auge. Wir erreichen den Ort auf der „Gutenbergstraße" und halten uns an der ersten Kreuzung nach rechts auf die „Theodor-Heuss-Straße". Dann nach links auf die „Oberdorfstraße" abzweigen und immer geradeaus auf der „Wasserstraße" weisen die

Enztalradweg-Schilder weiter geradeaus in Richtung *Vaihingen/Enz* und *Roßwag* aus dem Ort hinaus.

Genießen wir das richtig idyllische Stück auf dem Radweg zwischen der Enz, den Weinbergen und den Felsen. Das hier ist übrigens die oben erwähnte Schleife, die aufgrund des E-Werkes nur wenig Wasser führt.

Geradeaus in Richtung *Vaihingen*, *Stuttgart* und *Roßwag* setzen wir die Tour fort und erste spärliche Obstbaumwiesen begleiten uns auf dem Weg nach Roßwag. Wieder macht die Enz eine große Schleife neben uns und an der y-förmigen Gabelung halten wir uns nach rechts unten im Tal entlang. Die Häuser auf der linken Seite gehören zu **Roßwag**. Wieder bietet sich uns mit dem Kirchturm und den Weinbergen ein schöner Anblick.

Über den Hochwasserschutzdamm drüber und nach rechts auf der „Flößerstraße" sind wir nun in der Ortschaft, geradeaus Richtung *Vaihingen/Enz* auf der „Manfred-Behr-Straße" geht's weiter, laut Straßenverkehrsschild sind es bis dorthin noch 3 Kilometer.

Ab der *Enztal-Bank* können wir wieder auf einem separaten Radweg radeln. Neben der Straße am Steinbruch vorbei, Vorsicht, hier herrscht ein reger Werksverkehr. Noch ein paar hundert Meter müssen wir auf dem Gehweg an der Straße entlang ausharren, es folgt daraufhin noch ein Stück am Fuß der Weinberge entlang, dann überqueren wir nach rechts die Straße und radeln nach links auf separatem Weg parallel und mit Abstand zur Straße weiter.

Das erhabene Vaihinger Schloss rückt ins Blickfeld, die Radfahrer auf dem Enztalradweg werden gebeten, die Unterführung nach rechts zu benutzen. Machen wir doch glatt, nicht wahr?

Wir haben die Stadtmitte von Vaihingen zwar noch nicht erreicht, müssen uns dennoch jetzt entscheiden, was wir tun und wie wir den restlichen Tag gestalten wollen.

Wer zum Bahnhof oder zum Bonbon-Museum nach Kleinglattbach möchte, folgt der Beschilderung geradeaus über die Straße. Ab hier sind es bis zum Bahnhof laut Schild genau 1,7 km. Die weitere Beschreibung siehe unten.

Weitere Möglichkeiten:

- Auf dem Enztalradweg weiter in Richtung Bietigheim und Enzweihingen (siehe auch nächstes Kapitel). Dazu geht's nach links hoch und über die Brücke der B 10 drüber und beschildert weiter.
- Wer in die Stadtmitte und Fußgängerzone von Vaihingen möchte, hält sich beschildert an der Straße entlang.

Verpackungsmaschine im Bonbonmuseum

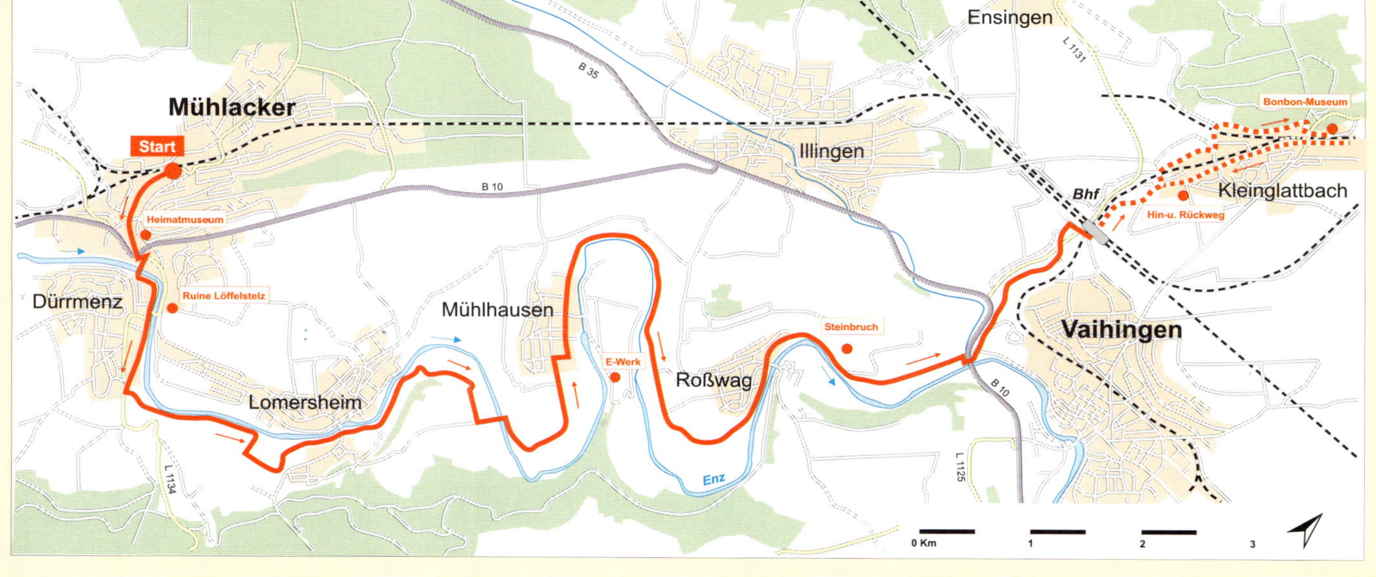

Ensingen
L 1131
Bonbon-Museum
Mühlacker
Start
Illingen
B 35
B 10
Bhf
Kleinglattbach
Hin-u. Rückweg
Heimatmuseum
Dürrmenz
Ruine Löffelstelz
Mühlhausen
Steinbruch
Vaihingen
E-Werk
Roßwag
B 10
Lomersheim
Enz
L 1134
L 1125
0 Km   1   2   3

Zum Bahnhof und zum Bonbon-Museum:
Zum Bahnhof Vaihingen, der etwas außerhalb liegt – und gleichzeitig auch der Weg zum Bonbon-Museum ist – radeln wir zunächst sanft ansteigend bergauf und erreichen eine Tankstelle. Geradeaus weiter auf dem teilweise schattigen Radweg überqueren wir ein kleines munter plätscherndes Seitenbächlein der Enz und strampeln in dem Tälchen weiter aufwärts. Dann müssen wir bei der Straßeneinmündung nach links beschildert über die Straße. Dem Radweg Richtung Bahnhof folgend ansteigend über einen Weg hinweg und weiter hoch bis zur Straße. Nach rechts und der **Bahnhof Vaihingen** ist erreicht.

Zum Bonbon-Museum müssen wir nach links durch die Unterführung in Richtung *Kleinglattbach* und *Horrheim*. Die weitere Wegführung siehe Anfang der Tourenbeschreibung im nächsten Kapitel.

Aus der Ferne grüßt das Vaihinger Schloss

6 Wir radeln geschwinde durch Feld und Wald

Von Vaihingen nach Bietigheim-Bissingen

Start:	Bahnhof Vaihingen
Ziel:	Bahnhof Bietigheim-Bissingen
Länge:	21 km, Abstecher Bonbon-Museum insgesamt 5 km
Verlauf:	auf meist ebenem Radweg
Geeignet für:	selbstradelnde Kinder ab 6 Jahren
Anfahrt:	Mit der Bahn oder dem Pkw bis Vaihingen, Parkmöglichkeiten am Bahnhof
Entdecken:	Bonbon-Museum in Kleinglattbach, Altstadt von Vaihingen, Löbertsbrunnen, Viadukt der ICE-Trasse, Fische beobachten in der Enz, in der Enz kneippen, Fischlehrpfad bei Untermberg, Flößerweg, Rommelmühle, Slalomkurs für Kajakfahrer auf der Enz, Bietigheim
Tipp:	Badesachen einpacken

Kartentipp: 1 : 50 000 LVA
Baden-Württemberg Blatt 29
Naturpark Stromberg-Heuchelberg

Wer kennt denn das Lied der Kapitelüberschrift? Ein Wort ist abgewandelt, im Original heißt es „Wir reiten …“. Aber sonst passt der Text doch ganz gut, oder?

Wir reiten geschwinde durch Feld und Wald,
wir reiten bergab und bergauf,
und fällt wer vom Pferde, so fällt er gelinde
und klettert behend wieder auf.
Es geht über Stock und Stein,
wir geben dem Rosse die Zügel,
und reiten im Sonnenschein,
so schnell als hätten wir Flügel.
Heißa, hussa! Über Stock und über Stein.
Heißa, hussa! Und nun in'n Stall hinein!

Sehen und Erleben:
Mmmhh! Lecker! Ein Bonbon-Museum! Ja, das gibt es wirklich und es ist sogar nicht einmal weit von unserem Enztalradweg

entfernt. Also, da dürfen wir auf gar keinen Fall vorbei radeln, das ist wohl einstimmig beschlossene Sache.

Im Museum erfahren wir sehr anschaulich, wie Bonbons früher entstanden sind und heute noch entstehen. Anhand von Videofilmen erleben wir hautnah die verschiedenen Arbeitsschritte. Zucker und Glucosesirup sind die wichtigsten Bestandteile der süßen Leckerei. Die Zutaten werden miteinander verrührt, erhitzt und auf einer Platte anschließend wieder abgekühlt. Die gewünschten Geschmackstoffe werden hinzugegeben, das Ganze gut verknetet und zum Schluss und, ganz wichtig, zum richtigen Zeitpunkt durch eine Walzen- oder Prägemaschine durchgelassen. Und schon sind kiloweise die köstlichsten Bonbons fertig. Hört sich doch ganz einfach an, nicht wahr?

Wie entstehen gefüllte Bonbons und wie kommt denn das Papier um die Bonbons herum? Eindrucksvoll zeigen wiederum Videos die Schritt-für-Schritt-Vorgehensweise. Die Entwicklung der Bonbon-Einwickelmaschinen zu verfolgen entlockt einem doch ein Schmunzeln.

Zwischen Vaihingen und Bietigheim-Bissingen erleben wir aber auch an der Enz ganz interessante Abschnitte. Im Wasser der Enz sind wir seit Enzklösterle nicht mehr barfuß gewatet, auf dieser Etappe ist das – natürlich nur bei entsprechenden Temperaturen – wieder möglich. Dazu ist es ganz sinnvoll, sich mit Badesachen auszurüsten. Denn wer weiß, ob wirklich nur die Füße nass werden!

In Bissingen kommen wir an der markanten und besonders erwähnenswerten Rommelmühle vorbei. Der lang gestreckte fünfgeschossige rote Backsteinbau mit Walmdach, vertikalen Fensterbändern und Pilastergliederung fällt einfach auf. 1904 wurde das imposante Gebäude im Auftrag des Mühlenunternehmers Karl Rommel vom Industriearchitekten Philipp Jakob Manz anstelle einer seit 1879 bestehenden Großmühle errichtet, deren Wurzeln bis ins Mittelalter zurückreichen. Mit einer Tagesproduktion von 100 Tonnen Mehl war die Rommelmühle lange Zeit die größte und leistungsfähigste Mühle in Württemberg. 1995 wurde der Mühlenbetrieb aufgegeben, danach wurde das Gebäude zum Ökozentrum ausgebaut. Ein Biergarten – übrigens mit eigener Brauerei – lädt zur Einkehr ein.

Stadt Vaihingen/Enz
Marktplatz 4, 71665 Vaihingen/Enz
Auskunft: Telefon 0 70 42/18-2 29
e-Mail: fremdenverkehr@vaihingen.de
Internet: www.vaihingen.de

Oberriexingen
Rathaus Oberriexingen
Hauptstraße 14, 71739 Oberriexingen
Auskunft: Telefon 0 70 42/9 09-0
Telefax 0 70 42/1 36-09
e-Mail: rathaus@oberriexingen.de
Internet: www.oberriexingen.de

Bietigheim-Bissingen
Touristinformation, Marktplatz, 74321 Bietigheim-Bissingen
Auskunft: Telefon 0 71 42/7 42 27
e-Mail: stadt@bietigheim-bissingen.de
Internet: www.bietigheim-bissingen.de

Bonbon-Museum Jung Fabrikverkauf
Industriestraße 9-11, 71665 Vaihingen/Enz-Kleinglattbach

Geöffnet: montags bis freitags   10.00 – 17.30 Uhr
samstags   10.00 – 12.30 Uhr
Eintritt: frei
Auskunft: Telefon 0 70 42/9 07-50
Internet: www.bonbon-museum.de

Ökozentrum Rommelsmühle
Flößerstraße 60, 74321 Bietigheim-Bissingen
Geöffnet: montags bis freitags   9.30 – 20.00 Uhr
samstags   9.00 – 16.00 Uhr
Auskunft: Telefon 0 71 42/93 71 00
Internet: www.rommelmuehle.de

Die Tour:
Gleich zu Beginn unserer Radtour steht der Abstecher zum **Bon-bon-Museum**:

Durch die Bahnunterführung am Vaihinger Bahnhof halten wir uns der Beschilderung nach in Richtung *Horrheim* und *Kleinglatt-bach*. Wir folgen den *grün-weißen* Radwegweisern, die uns nach der Bahnunterführung abwärts in Richtung Neubausiedlung von Kleinglattbach führen. Wir gelangen über die „Wielandstraße" zu einer Kreuzung, hier müssen wir Vorfahrt achten. Nach links, über den Bahnübergang hinweg, dann rechts abzweigen in Richtung *Halle im See*. Am Sportgelände vorbei und geradeaus weiter. Der Radweg führt über einen Steg und an einem Schulgelände vorbei. Dann auf dem „Weinbergweg" an einem Wohngebiet vorbei nach links weiter und daran anschließend nach rechts. Links sehen wir Bänke und eine Schaukel, am Waldrand eben weiter. Der *Waldspielplatz Bartenberg* liegt etwas oberhalb im Wald, für uns heißt es jedoch nach rechts hinunter zu fahren und unten geradeaus über den Bahnübergang – nur für Fußgänger – unser Rad zu schieben. Jetzt trennen uns nur noch wenige Meter vom gewünschten Ziel. Links erkennen wir den alten Bahnhof und ebenfalls nach links finden wir daneben das **Gummibärenland** Jung mit dem Bonbon-Museum und dem Fabrikverkauf.

Für den Rückweg wählen wir die direkte Strecke. Auf der „Bahnhofstraße" radeln wir immer geradeaus durch den langgestreckten Ort zurück. Dann an der Kreuzung nach der Kirche links in Richtung *Kleinglattbach Süd* und auf der „Wilhelmstraße" und der „Roßwagstraße" weiter. Rechts ist ein Spielplatz und nach rechts auf dem „Friedrich-List-Weg" kehren wir zwischen den Häuserreihen zum Bahnhof Vaihingen zurück.

Wer entdeckt dieses Hauseck in Vaihingen?

76

Start vom Bahnhof Vaihingen:
Nach rechts in Richtung *Gündelbach, Ensingen* und *Illingen* starten wir diese Etappe des Enztalradweges. Parallel zur Straße radeln wir ein Stück, dann zweigen wir hinter Leitungsmasten beschildert nach links über die Straße und folgen dem Radweg nach links hinunter.

Über einen Weg drüber, geradeaus weiter auf dem geteerten Radweg, nochmals über eine Straße und dann gleich nach rechts auf dem Radweg parallel zur Straße abwärts, mit einer *blau-gelben Raute* markiert. In dem hübschen Tälchen mit dem kleinen Bächlein über eine kleine Brücke hinüber.

Es geht durch eine Tankstelle durch und daran anschließend geradeaus auf dem Radweg weiter. So gelangen wir zu einer Kreuzung. Wir überqueren sie geradeaus und sind nun auf dem Enztalradweg. Nach rechts die kleine Steigung zur Brücke hoch und über die Brücke hinüber, beschildert in Richtung *Bietigheim* und *Enzweihingen*.

Von hier aus bietet sich uns ein wunderschöner Ausblick auf das Vaihinger Schloss. Über Felder und dann am Fluss entlang radeln wir weiter, bis wir zur nächsten Kreuzung an der Straße gelangen. Nach links und die nächste Möglichkeit nach rechts rein in Richtung Freibad und Verkehrsübungsplatz, so geht es auf dem Enztalradweg weiter.

Ein neues Landschaftsbild: Obstbaumwiesen

Kurzer Abstecher in die Altstadt von Vaihingen:
Wer sich jedoch noch ein wenig in Vaihingen umsehen möchte, hält sich geradeaus über die Enzbrücke und gelangt geradeaus in die Altstadt. Links am Haus, an der Stelle, wo die „Bädergasse" nach links abzweigt, schauen wir in das enge nette Gässchen mit Resten der Stadtmauer. Auffallend auch das Haus am Eck mit den Hochwassermarkierungen aus den verschiedensten Zeiten, z. B. von 1824, 1851 und 1993. Geradeaus weiter kommt man zur Fußgängerzone und nach links zum Marktplatz.

Dann zurück zum Enztalradweg und beschildert in Richtung *Freibad* und *Verkehrsübungsplatz* abzweigen. Der Verkehrsübungsplatz liegt direkt neben dem Radweg und vielleicht können wir Autofahrer beobachten, die lernen, ihr Fahrzeug in kritischen Situationen besser zu beherrschen.

Am Freibad vorbei und weiter geradeaus. Vor der Straße, der B 10, wenden wir uns nach links auf den ausgewiesenen Radweg. Wenig später radeln wir unter der B 10-Brücke durch. Hier befindet sich eine Einsatzstelle für Boote und Hinweistafeln zum Thema Naturschutz und Wassersport an der Enz.

Kurz darauf kommen Bänke und wir sind am Löbertsbrunnen. Einige Stufen geht's zu dem kleinen Becken hinunter, in das seit 1874 mit 3 Strahlen klares und kaltes Wasser strömt. Dann folgt ein schattiger Abschnitt am Ufer der Enz entlang. Der Fluss fließt ruhig neben uns, und auf dem gesplitteten Weg strampeln wir, mal ein klein wenig ansteigend, dann wieder leicht abwärts am Sportplatz mit Vereinsheim vorbei und gelangen geradeaus zu den ersten Häusern von **Enzweihingen**.

Nach links ist der Enztalradweg beschildert, bis Oberriexingen sind es 5,2 km, bis Bietigheim 18 Kilometer. Wir fahren über die Brücke und fahren nach links wie bei einer großzügig angelegten Autobahn-Ausfahrt einen großen Bogen außen herum, um dann erst unter der Brücke hindurch zu fahren. Also, bis zur Ampel vor und dann zweigen wir erst wieder nach links ab.

Wer den großen Bogen abkürzen mag, bremst am Ende der Brücke, steigt ab und schiebt sein Rad über die kleinen Absätze nach links stufenweise hinunter. Es scheint, als ob der Weg ansteigen wollte, aber ehe die Steigung so richtig losgeht, zweigen wir nach rechts ab. Auf dem geteertem Weg unterhalb des Kornberges radeln wir angenehm dahin.

An der nächsten Kreuzung sehen wir vor uns die eindrucksvoll hohen Stützpfeiler der ICE-Strecke. Ein altes steinernes

Ausruh-Bänkle mit der Inschrift „Die Mühe des Weinbaus lehrt allein den Wert des Weines schätzen" erinnert an die Zeiten, in denen viele Waren und hier sicher speziell die Trauben auf dem Rücken über weite Entfernungen getragen werden mussten und man vor der Ortschaft nochmals verschnaufen wollte.

Gegenüber ist immer noch Enzweihingen, geradeaus geht es für uns weiter und unter der beeindruckenden Brücke durch. Im nächsten Gehöft, dem Leinfelder Hof, heißt es, beschildert nach rechts den Wegweisern zu folgen. Der angenehme Teerweg geht über in einen gesplitteten Weg und wir kommen durch ein kleines Wochenendhausgebiet mit Wäldchen. Gleich darauf erreichen wir den nächsten Bootsanlegeplatz. Hier können wir eine Pause einlegen, direkt zum Ufer der Enz hingehen und Fische im Fluss beobachten.

Wie schnell strömt denn das Wasser, wie schnell fließt es doch vorbei und mit welcher Leichtigkeit stehen selbst die kleinsten Fische in der Strömung, ohne mitgetrieben zu werden! Ganz mühelos sieht das aus, obwohl sie eigentlich gegen die Strömung anschwimmen müssen. Vieles kann man mit wachen Sinnen beobachten und erleben.

Das Wasser ist hier zum Waten zu tief, aber nachher kommen wir an einer Stelle vorbei und da können wir selbst die Strömung des Flusses spüren und erleben.

An der Enz entlang weiter, an Häusern mit Gänsen und Enten vorbei. An einer Mühle kommen wir hoch und nach Oberriexingen hinein. Auf der „Mühlstraße" bis vor zur Kreuzung und auf die Straße nach links. Dann gleich darauf mit der deutlichen Enztalweg-Beschilderung nach rechts auf die „Untere

Zwischen Bissingen und Bietigheim

Gasse" abzweigen. Hinter der Stadtmauer liegt rechts übrigens versteckt ein kleiner Spielplatz.

In der „Hägelesgasse" nach rechts und unter einem schönen blumenüberrankten Torbogen hindurch und links weiter. Auf der linken Seite begleiten uns schöne Hausgärten, rechts trennt uns der Hochwasserschutzdamm von der Enz. An der Scheuer nach links und dann nach rechts und an den letzten Industrieanlagen vorbei rollen wir aus dem Ort hinaus. Wenig später haben wir die nächste Bootsanlegestelle, dieses Mal mit Bänken, erreicht. Hier befindet sich nun die angekündigte Möglichkeit, die Schuhe auszuziehen – oder gar sicherheitshalber noch mehr? – und barfuß in der Enz zu waten. Mit Badezeug planscht es sich sorgloser und wenn jemand auf einem glitschigen Stein ausrutscht, ist es halb so schlimm!

Es führen ganz bequem Stufen zum recht flachen Wasser hinab. Trotzdem spüren wir ganz deutlich die Strömung des Flusses. Wie machen es die Fische nur, nicht abgetrieben zu werden? Das Schwarzwaldwasser war viel kälter, hier ist das Wasser echt badwarm, nicht wahr?

Als nächstes führt der Radweg ein Stück an einer wenig befahrenen Straße entlang. An der Kreuzung strampeln wir gerade-aus auf der Straße weiter und kommen unterhalb von Weinbergen vorbei. Dann zweigt der Radweg nach rechts beschildert auf einen sehr holperigen Weg abwärts ab. Mal näher an der Enz, mal mehr über Wiesen mit Graureihern radeln wir eine U-förmige Schleife aus. Zur Abwechslung haben wir hier als Untergrund zwei Betonspuren mit Grasbewuchs in der Mitte.

Rechts sehen wir dann eine Grillstelle mit Bänken, vor uns taucht eine Burgruine auf, das ist die „Äußere Burg" (und nicht zu besichtigen).

Immer geradeaus und ein kleine Steigung bzw. Böschung hoch zur nächsten Ortschaft: **Untermberg**. Achtung, der Radweg zweigt ganz unvermittelt nach rechts weg. Die Straße macht einen Linksbogen, an dieser Stelle müssen wir scharf nach rechts weg.

Nochmals blicken wir nach links hoch zur Burgruine, ein Fischlehrpfad begleitet uns mit seinen Tafeln rechts von uns. In Richtung Bietigheim bleiben wir noch geradeaus, links liegt ein kleiner Spielplatz, dann radeln wir an Tennisplätzen vorbei.

Wir lassen Untermberg hinter uns, wenden uns nach rechts über den Steg und kommen vor zu einer Anliegerstraße. Nach links weiter, und schon sind wir in **Bissingen** angelangt. Mal wieder sind wir auf einer „Flößerstraße" unterwegs. In der Spielzone finden wir links oberhalb der Enz einen Spielplatz und Informationstafeln zur Flößerei. Wir stehen am Brückenansatz

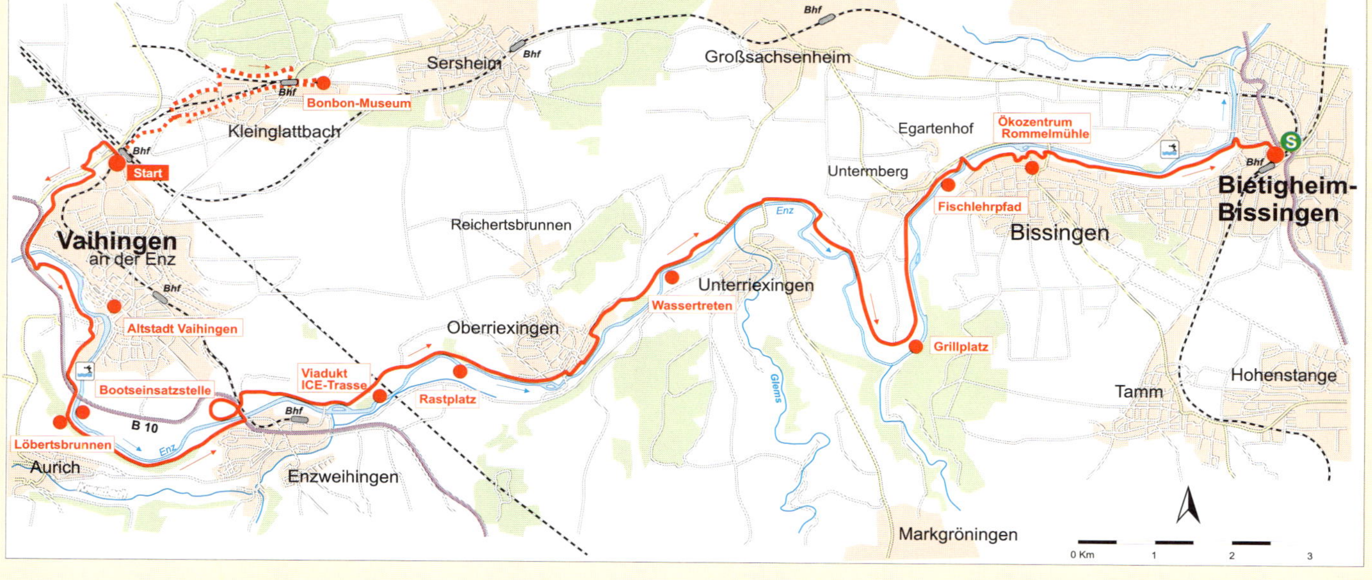

Bhf
Sersheim
Großsachsenheim
Bhf
Bonbon-Museum
Bhf
Egartenhof
Ökozentrum
Rommelmühle
Kleinglattbach
Untermberg
Bhf
Bietigheim-
Bissingen
Bhf
Start
Fischlehrpfad
Vaihingen
an der Enz
Reichertsbrunnen
Bissingen
Bhf
Unterriexingen
Altstadt Vaihingen
Wassertreten
Oberriexingen
Grillplatz
Glems
Bootseinsatzstelle
Viadukt
ICE-Trasse
Rastplatz
Hohenstange
Tamm
B 10
Bhf
Löbertsbrunnen
Enz
Aurich
Enzweihingen
Markgröningen
0 Km   1   2   3

der alten Enzbrücke und lesen, dass die Flößer am alten Steinwehr zur Durchfahrt Zoll bezahlen mussten.

Auch wurde für Interessierte speziell ein Flößerweg ausgewiesen. Der idyllische Flößerweg führt von Bissingen über Bietigheim nach Besigheim entlang der Enz. Achten wir bei Interesse also auf die Flößerschilder mit dem orange-weißen Zeichen.

Als nächstes kommen wir nach links zum markanten Gebäude der **Rommelmühle**.

Geradeaus weiter und dann markiert nach links auf dem Enztalradweg weiter. Vor der Straße wieder nach links und nach rechts unter der Brücke durch. Auf dem schön geteerten Untergrund laufen die Räder angenehm leicht. Rechts sehen wir eine Skatinganlage und einen Spielplatz, unter der nächsten Brücke durch und immer geradeaus. In dem sonnigen Tal mit viel Grün und Wiesen laden ab und zu Bänke zur Rast ein. Links die Stäbe über dem Wasser stellen einen Slalomparcours für Kajakfahrer dar. Das Schild „Achtung, Kurve, bitte langsam fahren" zeigt uns, dass wir in **Bietigheim** angekommen sind. Mit einigen festen Tritten in die Pedale gelangen wir an die Einmündung. Nach rechts hoch in Richtung *Ludwigsburg* führt der Weg zum Bahnhof. Auf der Anliegerstraße aufwärts und dann nach rechts und durch die Unterführung ist der **Bahnhof Bietigheim** erreicht.

Zur Stadtmitte Bietigheim und Enztalradweg:
In Richtung *Innenstadt* und *Besigheim* geht es nach links hinab.

Alles Weitere im nächsten Kapitel!

7 We are the champions
Von Bietigheim-Bissingen nach Walheim

Start:	Bahnhof Bietigheim
Ziel:	Walheim, gut auch Rückfahrt mit dem Rad nach Bietigheim möglich
Länge:	10 km, mit Rückweg 20 km
Verlauf:	auf fast ebenem Radweg mit geringen Steigungen
Geeignet für:	selbstradelnde Kinder ab 6 Jahren
Anfahrt:	Mit der Bahn bis Bietigheim oder mit dem Pkw, Parkmöglichkeiten am Viadukt
Entdecken:	Bietigheim: Geologischer Lehrpfad, Nutrias und andere Tiere, großer Spiel- und Kletterturm, Museum im Hornmoldhaus, Japangarten, Brunnen in der Fußgängerzone, Badepark Ellental Besigheim: Mündung der Enz in den Neckar, Römerhaus in Walheim
Kartentipp:	1 : 50 000 LVA Baden-Württemberg Blatt 29 Naturpark Stromberg-Heuchelberg

Sehen und Erleben:

Als erstes loben wir uns nun selbst, denn mit diesem letzten Abschnitt können wir mit Recht stolz auf uns sein: wir haben es geschafft, wir haben die Enz von der Quelle bis zur Mündung begleitet.

Nun sind wir bei der letzten Etappe des Enztalradweges angekommen. Sie ist von der Strecke her gesehen recht kurz, so dass wir genügend Zeit für die vielfältigen Dinge am Wegesrande haben oder uns überlegen können, von Walheim auch wieder nach Bietigheim zurück mit dem Rad zu fahren.

In Bietigheim selbst radeln wir zunächst durch das ehemalige Gartenschaugelände. Einige Kleintiere gibt es zu beobachten, u. a. die in Pforzheim schon erwähnten Nutrias. Vielleicht erleben wir sie ja hier in Aktion.

Bietigheim ist mit seiner großzügig angelegten Fußgängerzone einen Bummel wert, dabei sollte man auch einen Blick in das sehenswerte Museum im Hornmoldhaus werfen, das prächtige Fachwerkhaus selbst ist schon einen Besuch wert. Im Museum gibt es zu verschiedenen Bereichen und Themen lohnende Ausstellungen. Neben der Stadtgeschichte und Handwerksberufen werden berühmte Bietigheimer Persönlichkeiten in Wort und Bild vorgestellt. Wechselnde Ausstellungen im

Erdgeschoss bereichern das Angebot und machen wiederholte Besuche interessant.

Es bietet sich in diesem Falle auch an, die Radtour zum Schluss in Bietigheim auf die eine oder andere Art ausklingen zu lassen.

Auf dem Radweg zwischen Bietigheim und Besigheim kreuzen wir bei der Hermanns- oder Hornmoldklinge eine alte Fernhandelsstraße. Eine Tafel des Flößerweges informiert über Details:

„Bis ins späte Mittelalter überquerte die ehemalige niederländische Gewand- und Weinhandelsstraße auf einer Holzbrücke die Enz. Dieser bedeutende Fernhandelsweg führte von den Niederlanden durch die Pfalz und den Kraichgau über Waiblingen und Donauwörth nach Wien. Oder über Esslingen, Ulm und Augsburg zum Brenner und weiter nach Italien.

Von Löchgau kommend führte die Fernstraße hier bei dem abgegangen Ort Hegenau über die Enz und weiter nach Eglosheim und Cannstatt. Mit der Erhebung Bietigheims zur Stadt 1364 wurde der Weg in die Stadt verlegt.“

Jeder darf sich gerne mal Gedanken machen oder ausmalen, wie ein Fernhandel zur damaligen Zeit ausgesehen hat oder ha-

Das Römerhaus Walheim ganz am Ende der Strecke

ben könnte. Es gab keine Autobahnen, ja nicht einmal befestigte Straßen, keine Eisenbahnen, keine Lastzüge, höchstens Lasttiere, schlammige Fußpfade und ab und zu Wegelagerer.

Noch weiter zurück in der Geschichte geht es bei den Römern. In Walheim gibt es im Museum Römerhaus einen Fundort in ursprünglicher Lage zu bestaunen. Viele Ausgrabungsfunde und Bilder verdeutlichen das Leben dieser Zeit.

Bietigheim-Bissingen

Touristikinformation, Marktplatz, 74321 Bietigheim-Bissingen

Auskunft:	Telefon 0 71 42/7 42 27
e-Mail:	stadt@bietigheim-bissingen.de
Internet:	www.bietigheim-bissingen.de

Besigheim

Stadtverwaltung Besigheim, Marktplatz 12, 74354 Besigheim

Auskünfte:	Telefon 0 71 43/80 78-0
	Telefax 0 71 43/80 78-2 89
e-Mail:	stadtverwaltung@besigheim.de
Internet:	www.besigheim.de

Walheim

Gemeindeverwaltung Walheim, Hauptstraße 68, 74399 Walheim

Auskunft:	Telefon 0 71 43/80 41-0
e-Mail:	info@walheim.de
Internet:	www.walheim.de

Hornmoldhaus Bietigheim

Geöffnet:	montags	geschlossen
	dienstags, mittwochs und freitags	14.00 – 18.00 Uhr
	donnerstags	14.00 – 20.00 Uhr
	samstags, sonn- und feiertags	11.00 – 18.00 Uhr
Eintritt:	frei	
Auskünfte:	Telefon 0 71 42/74-3 52	
	Telefax 0 71 42/74-3 53	
e-Mail:	kulturamt@bietigheim-bissingen.de	
Internet:	www.bietigheim-bissingen.de	

Römerhaus Walheim

Geöffnet:	April bis Oktober	
	samstags	14.00 – 18.00 Uhr
	sonn- und feiertags	10.00 – 20.00 Uhr
Eintritt:	Kinder	EUR 1,00
	Erwachsene	EUR 2,00
Führungen:	Führung nach Voranmeldung im Rathaus	
	Telefon 0 71 43/80 41-11	

Die Tour:

Vom Bahnhof Bietigheim starten wir geradeaus und rollen dann durch die Unterführung abwärts in Richtung *Innenstadt* und *Besigheim*. Auf der „Wobachstraße" weiter abwärts und zur Enz hinab. Rechts sehen wir die malerisch schönen Wobachfelsen mit Gestein- und Geologischem Lehrpfad. Geradeaus in Richtung *Historische Innenstadt* strampeln wir durch das imposante Bahnviadukt, das die Enz überspannt. Auf der linken Seite erreichen wir den eindrucksvollen Spiel- und Kletterturm samt einem Bootsverleih am Fluss.

Nach einem Aufenthalt geht es geradeaus weiter, aber schon ist der nächste Halt erforderlich: hier gibt es die angekündigten Nutrias (und Hängebauchschweine) zu beobachten. Weiter geradeaus durch den hübsch angelegten Park, und an der Alten Bietigheimer Enzbrücke mit den in der Sonne glitzernden Enz-

Mit Glück zu entdecken: die Nutrias in Bietigheim

Wasserspielen müssen wir entscheiden, ob wir gleich oder erst später in Richtung Fußgängerzone abzweigen wollen.

Der Enztalradweg führt beschildert geradeaus in Richtung *Sand*, unter einer Straßenbrücke durch und auf dem ausgewiesenen Radweg weiter. Nach links zweigen wir beschildert in die „Grünwiesenstraße" ab und strampeln durch ein Wohngebiet immer geradeaus bis zum Waldrand.

Auf dem Teerweg, nun im Wald, kommen wir zur Kläranlage und umfahren das Gelände U-förmig. Auf einer Tafel des (im vorigen Kapitel erwähnten) Flößerweges lesen wir, dass wir uns hier an der Stelle einer alten Fernhandelsstraße befinden, die sich im Mittelalter quer durch Europa zog.

Ein klein wenig ansteigend erreichen wir ein Bahnwärterhäusle und überqueren vorsichtig die Gleise. Achtung, auf den Zugverkehr achten! Nach links am Bahngleis entlang weiter, erst geschottert dann aber wieder auf geteertem Weg. Rechts begrüßen uns Weinberge, die Gleise verabschieden sich nach links.

Besigheim rückt mit dem dicken Turm, dem Schochenturm, ins Blickfeld und ansteigend strampeln wir zum Ort hinauf. Geradeaus weiter folgen wir den Radhinweisschildern, kommen durch einen Torbogen durch und radeln um die Kurve herum und in der Einbahnstraße weiter. An der Straße wenden wir uns

Die markante Silhouette von Besigheim

nach links abwärts. Ein letztes Mal geht es über eine Enzbrücke hinüber und dann auf dem Radweg nach rechts. Von der Brücke aus haben wir einen schönen Blick auf den Fluss mit dem Wehr und die Stadtkulisse. Markant dabei das hochaufragende Rathaus.

Wir verlassen Besigheim und radeln die letzten Kilometer zwischen Weinbergen und dem Bahndamm dahin. Immer wieder führen kleine Stäffele aufwärts, damit die Besitzer auch an ihre „Stückle kommet".

Unser Enztalradweg mündet an der Straße und bei der allerletzten Enzbrücke in den Neckartal-Radweg ein. Von dieser Brücke aus sollten wir unbedingt einen Blick auf die Mündung der Enz in den Neckar werfen. Den Fluss haben wir nun auf seinem Weg von der Quelle bis hierher zur Mündung sozusagen „auf Schritt und Tritt" begleitet. Im Moment gibt es noch keinen geeigneteren Aussichtspunkt.

Geradeaus auf dem Radweg an der Straße entlang strampeln wir die wenigen Meter bis nach Walheim. Durch die Unterführung

Am Spiel- und Kletterturm ist eine Pause fällig!

und auf der anderen Seite ein kurzes Stück an der „Besigheimer Straße" aufwärts. Dann nach rechts auf der „Hauptstraße", in Walheim ist alles wunderbar beschildert. Nach rechts abwärts in Richtung *Kelter* und *Feuerwehr* finden wir einen Spielplatz mit Tarzanbahn, Schaukeln und Bänken.

Zum Museum Römerhaus:
Zum Museum Römerhaus halten wir uns weiter geradeaus auf der „Hauptstraße", kommen am Rathaus vorbei, gelangen auf die „Mühlstraße", dann geht's auf die Römerstraße, was die ehemalige „Talstraße" war und dann zum Museum.

Radeln wir wieder zurück nach Bietigheim?
Durch Walheim zurück und bis zur Brücke, von der aus wir die Mündung betrachtet haben. Über diese Brücke hinüber und nach rechts nach Besigheim. Nach rechts kommen wir in die Stadtmitte und zum Waldhornturm. Bei der Renovierung wurden die Holztreppen im unteren Teil durch Stahltreppen ersetzt. Der Schochenturm und der Waldhornturm gehören zur historischen Stadtbefestigung von Besigheim. Der ehemalige Zugang befand sich erst im dritten Stock, witzig sieht auch der Aborterker aus.
Nach dem Turm fahren wir links in die „Kirchstraße" rein und sehen in der Fußgängerzone zahlreiche schmucke Fachwerk-

Blick von der letzten Enzbrücke flussaufwärts …

häuser. Immer geradeaus, an Brunnen und verschiedenen Einkehrmöglichkeiten vorbei bis zum Schochenturm. Dann zweimal nach rechts und wir treffen wieder auf unseren bekannten Radweg nach Bietigheim.

Innenstadt Bietigheim und Museum Hornmoldhaus:
Ruck-Zuck stehen wir dann wieder an der Alten Bietigheimer Enzbrücke mit den in der Sonne glitzernden Enz-Wasserspielen. Nun wenden wir uns in die Innenstadt nach rechts.

Gleich am Beginn der Brücke sieht man links wieder solche Stäbe herunterhängen, die sind uns vielleicht noch vom letzten Abschnitt her bekannt, sie markieren wiederum eine Trainingsstrecke für Kajakfahrer.

An dem Brunnen mit der überdimensionalen Milchkanne und der Kuh halten wir uns nach links und kommen durch das ehemalige Stadttor. Noch an mehreren Brunnen wie dem Fräuleins- und dem Marktbrunnen geht's vorbei und dann über den Marktplatz zum dreistöckigen Hornmoldhaus.

Im Hornmoldhaus erhalten wir auch Faltblätter zum eigenständigen Rundgang durch Bietigheim. Hierbei sehen wir die Stadt

… und zur Mündung in den Neckar

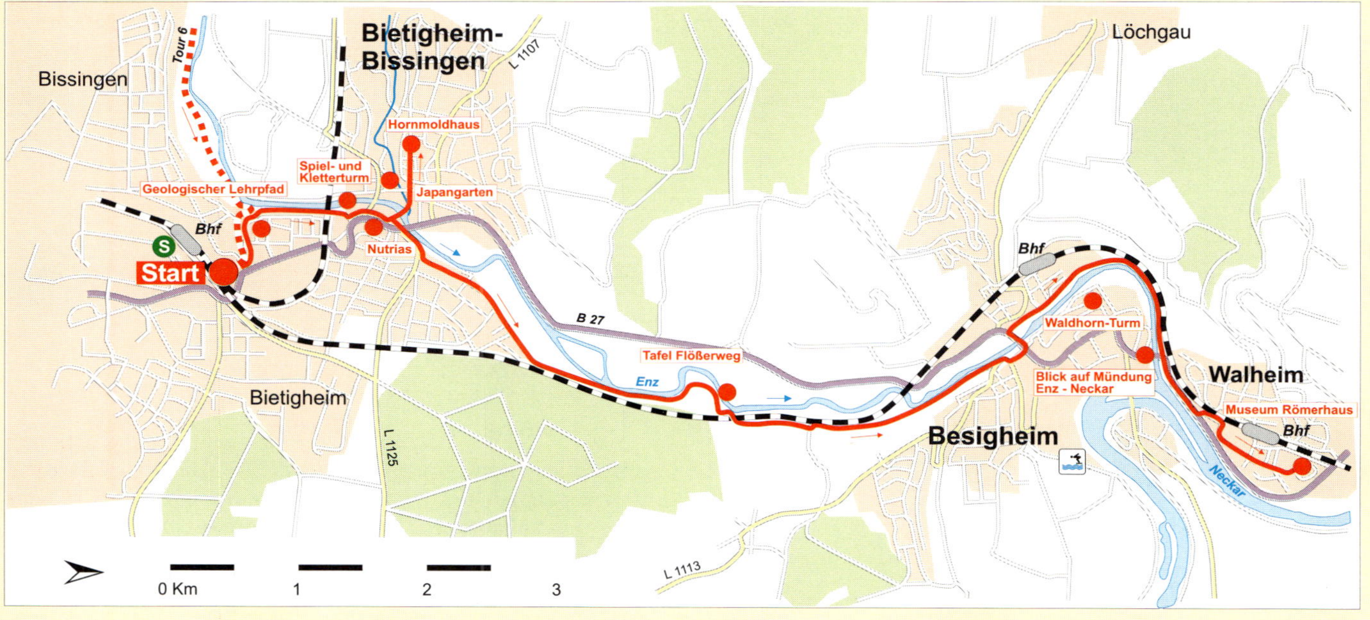

Bissingen
Bietigheim-Bissingen
Löchgau
L 1107
Tour 6
Hornmoldhaus
Spiel- und Kletterturm
Geologischer Lehrpfad
Japangarten
Bhf
S
Start
Nutrias
B 27
Bhf
Waldhorn-Turm
Tafel Flößerweg
Enz
Blick auf Mündung Enz - Neckar
Walheim
Museum Römerhaus
Bhf
Besigheim
Bietigheim
L 1125
Neckar
L 1113
0 Km
1
2
3

und ihre Eigentümlichkeiten mit ganz anderen Augen an. Vielleicht haben wir ja noch Lust auf einen Abstecher an die Metter, den Nebenfluss der Enz, die hier in Bietigheim in den Fluss mündet. Durch schnuckelige kleine Gässlein gelangen wir dorthin und kommen dort auch zum Japangarten.

Entlang des Geologischen Lehrpfads

Ortsverzeichnis (mit Kapitelangaben)

Stichwortverzeichnis (mit Kapitelangaben)

156 Seiten, 40 Farbfotos, 21 Karten

Unsere Autorin **Renate Florl** hat schon einige Bücher für die Reihen „Mit Kindern unterwegs" und „Mit Kindern entdecken" verfasst. Diesmal war sie mit ihrer Familie per Rad unterwegs. Das Neckartal zwischen Heidelberg und Ludwigsburg und der Kreis Heilbronn haben ihre Geheimnisse verraten. Traumhafte Ziele, ideale Verkehrsanbindungen, auch mit öffentlichen Verkehrsmitteln, und jede Menge attraktive Punkte entlang der Radstrecken machen diese Region zum Knüller für radelnde Familien, egal ob mit kleinen Kindern oder anspruchsvolleren Jugendlichen. Ausführliche Info-Teile erleichtern die Planung schon zu Hause; speziell für dieses Buch gezeichnete Karten veranschaulichen den Streckenverlauf.

ISBN: 3-87230-566-2

155 Seiten, 49 Farbfotos, 21 Karten

Auch für erfahrene Autoren wie **Ute** und **Peter Freier** eine Herausforderung: aus unzähligen Zielen der Hochfläche der Schwäbischen Alb kindgerechte Radtouren auszuwählen und dabei nichts zu kurz kommen zu lassen. Höhlen, Quellen, Versteinerungen, Spielplätze, Museen, Einkehrmöglichkeiten... Alle Wege und Ziele sind für die Familie, besonders aber für die Kinder, ausgesucht und ausprobiert. Umfassende Info-Teile erleichtern die Vorbereitung schon zu Hause. Speziell angefertigte Karten veranschaulichen den Streckenverlauf.

Viele der zwanzig Touren beinhalten Varianten zur Verlängerung oder Kombination mit anderen Touren, aber auch Abkürzungen für Familien mit kleineren Kindern.

ISBN: 3-87230-568-9